무작정 떠나는 산티아고,
나답게
뜨겁게

무작정 떠나는 산티아고,
**나답게
뜨겁게**

조현주 지음

머리말

¡Viva su vida!
우리 인생을 위한 브라보!

산티아고에서 나를 찾다

인생은 우리 자신의 끊임없는 선택에 따라 행로와 행선지가 결정된다. 인생이라는 하얀 도화지 위에 수많은 색상의 도구가 있을 때, 어떤 색을 칠해 나갈지 선택하는 것은 바로 우리 자신이다. 그리고 선택을 했다면 즉시 행동을 하거나, 적당한 때를 기다리면 된다. 중요한 것은 절대 후회하지 않는 것이다. 그렇게 앞으로 나가다 보면 자신이 생각했던 대로의 인생이 펼쳐진다.

선택의 순간에서 언제나 머뭇거리는 나에게 훈련 방법은 나의 내면의 소리를 더 깊이 들어 보는 것이다. 그리고 항상 49:51의 힘을 믿으며 아주 사소하지만 '1'이 기우는 그 마음을 존중하고, 절대 뒤를 돌아보지 않는 것이었다. 자신이 어떤 사람인지, 어떤 삶을 살고 싶은지, 자신에 대해 잘 알아야 선택을 잘 하며 살아갈 수 있다.

난 내 인생의 도화지 위에 색칠을 하기 위해 노란색 물감을 선택했다. 그리고 절대 뒤돌아보지 않겠다는 뜻에서 마음속에 화살표를 새겼다. 그리하여 그 화살표를 따라 첫 걸음을 떼게 된 것이 순례 여행이었다.

어느 순간부터 나는 왜 순례길을 걷느냐는 사람들의 물음에 소소한 마음속의 끌림이라고 답하게 되었다. 오랜 옛날 순례 여행은 '자신에게로 돌아오다'라는 의미를 담고 있었다고 한다. 나 또한 걷기 여행을 선택한 건 나 자신을 찾기 위함이었다. 막막한 미래, 불안한 현실 속에서 내 자신이 점점 무너지고 있는 것 같아 떠났다. 그렇게 '산티아고 데 콤포스텔라'로 향하는 여정이 시작되었다.

산티아고는 예수님의 열두 제자 중의 하나인 성 야고보를 가리킨다. 야고보는 땅 끝까지 복음을 전파하기 위해 예루살렘에서 스페인 서북부에 위치한 산티아고까지 걸었다. 그가 가는 곳마다 교회를 세우고, 전도 여행을 마친 후에 예루살렘으로 다시 돌아왔다. 하지만 그는 헤롯 왕에 의해 순교를 당했다. 그의 시신은 돌로 만든 배에 실려 바다에 띄워졌는데 그 배가 산티아고 부근에 닿았다. 그곳이 바로 '산티아고 데 콤포스텔라'이다. 그 무덤은 신기하게 가리비로 덮여 있었다는데 이 때문에 가리비가 산티아고를 걷는 순례자들의 상징이 되었다고 한다. '산티아고 순례 여행'은 바로 그 산티아고 ― 성 야고보가 걸었던 여정을 함께하는 것이다.

매일 일정 시간을 걷는다는 건 만만치 않은 일이다. 체력적으로도 힘들고 예상치 못한 상황을 만나기도 한다. 반복되는 같은 풍경을 마주해야 하는 때도 있다. 하지만 매일 하는 같은 행동 속에 지루함을 느낄 새도 없이 나의 감정은 널뛰기를 한다. 과거에 대한 후회, 미래에 대한 불안함이 몰려오며 많은 생각들로 괴로울 수도 있다.

그런데 신기하게도 무질서하게만 느껴졌던 그 모든 것들이 어느 순간 정리되면서 자리를 잡아가기 시작했다. 순례길을 걸으면서 차츰 뭔지 모를 안정감이 나에게 찾아왔는데, 이는 길을 걸으면서 내면의 복합적인 감정들이 서서히 정리되고 치유되면서 나도 모르게 변화가 일어났던 것이다. 진정한 변화는 외적인 것이 아니라 내면의 변화일 것이다.

흔히들 카미노에는 버리기 위해서 간다고 한다. 하지만 나는 인생에서 일부러 버리기 위해 노력할 것도, 채우기 위해 노력할 것도 없고, 그냥 자연스러운 흐름에 맡기는 것이 제일 좋다고 생각한다. 때로는 예상하지 못했던 많은 순간을 맞닥뜨리지만, 그렇게 나만의 색깔로 채워지는 여행이 즐겁다.

인생의 진정한 가치와 자신을 찾게 되었던 그 34일간의 여정… 혼자 떠났지만 결코 혼자가 아니었던 여정의 기록들… 그곳에서의 울고 웃었던 경험들로 자신의 인생을 다시 한번 생각해 보는 계기가 되었으면 좋겠다. 그리고 진정 모두가 마음의 소리를 따라 인생을 살았으면 하는 바람이다.

"비바 수 비다"! (¡Viva su vida!)

여러분의 인생 여행에 축복이 가득하기를…!

2018년 3월
조헌주

© JAKUB JUNEK/Shutterstock.com

차 례

1부
인생의 전환점이 필요할 때

01 길의 시작, 온전히 나답게 　　　　　15
　　St. Jean Pied de Port – Roncesvalles : 27km

02 피레네 산맥이 가르쳐 준 것들 　　　　22
　　Roncesvalles – Zubiri : 21.9km

03 혼자 하는 여행의 매력 　　　　　　28
　　Zubiri – Pamplona : 21.4km

04 진정한 홀로서기 　　　　　　　　36
　　Pamplona – Puente la Reina : 24km

05 꺼내놓고, 표현하고, 새살을 덮어라 　　42
　　Puente la Reina – Estella : 21.9km

06 결국은 사람 　　　　　　　　　　48
　　Estella – Los Arcos : 21.1km

07 예상치 못한 상황에서의 대처법 　　　55
　　Los Arcos – Torres del Rio : 8km

2부
혼자 길을 걷는 이유

08 여권을 잃어버리다 　　　　　　　　65
　　Torres del Rio – Logroño : 20.1km

09 마음의 소리에 귀를 기울이기 　　　　73
　　Logroño – Nájera : 29.4km

10 카미노에서 만난 기적 　　　　　　80
　　Nájera – Santo Domingo de la Calzada : 21km

11 지혜로운 사람이 된다는 것 86
Santo Domingo de la Calzada – Belorado : 23.9km

12 주체적으로 선택하기 92
Belorado – Agés : 27.7km

13 스치는 인연에 의미를 부여하지 말자 99
Agés – Burgos : 22km

14 행동은 생각을 지배한다 105
Burgos – Hornillos del Camino : 20km

15 자신과 만나는 시간을 가져라 111
Hornillos del Camino – Castrojeriz : 21.2km

3부
길 위에서 만난 사람들

16 그는 어느 순간 나에게로 왔다 121
Castrojeriz – Frómista : 25.5km

17 반전의 매력 128
Frómista – Carrión de los Condes : 19.7km

18 카미노에서 유명인이 되다 134
Carrión de los Condes – Terradillos de los Templarios : 26.8km

19 소통의 힘 & 소통 부재의 결말 141
Terradillos de los Templarios – Calzadilla de los Hermanillos : 26.9km

20 감사는 기적을 낳는다 148
Calzadilla de los Hermanillos – Mansilla de las Mulas : 24.5km

21 사소한 직관의 힘 154
Mansilla de las Mulas – León : 18.6km

22 엄마가 다섯 161
León – Villar De Mazarife : 23.1km

23 우리 둘만의 특별한 방 168
Villar De Mazarife – Astorga : 30.1km

4부
힘들어도 포기하지 말아야 할 것들

24 경험은 나를 알게 되는 최고의 방법   179
Astorga – Foncebadón : 26.2km

25 과거에 대한 후회는 그만하자   186
Foncebadón – Ponferrada : 26.9km

26 아픔은 자신을 단단하게 한다   193
Ponferrada – Villafranca del Bierzo : 24.5km

27 부러우면 지는 거다   201
Villafranca del Bierzo – O Cebreiro : 30.1km

28 지금 이 순간에 집중해서 사는 힘   208
O Cebreiro – Triacastela : 20.7km

29 심장이 뜨거워지는 순간을 누릴 것   216
Triacastela – Sarria : 25km

5부
나는 카미노에서 인생을 배웠다

30 감정에도 쉼을 주자   225
Sarria – Portomarín : 22.9km

31 가장 소중한 건 당신 자신   233
Portomarín – Palas de Rei : 26.1km

32 모두에게 필요한 건 기대가 아닌 칭찬이다   241
Palas de Rei – Arzúa : 26.4km

33 최선을 다한 사람이 승자   248
Arzúa – Arca do Pino : 22.2km

34 또 다른 길의 시작   255
Arca do Pino – Santiago de Compostela : 20.1km

35 그리고, 바르셀로나   262

부록   산티아고 순례길 탐방 정보   266

1부

인생의 전환점이
필요할 때

AYUNTAMIENTO DE
VILLATUERTA KO
UDALA

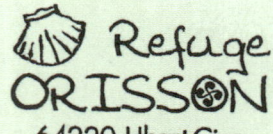
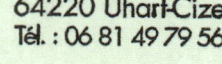

64220 Uhart-Cize
Tél. : 06 81 49 79 56

01 길의 시작, 온전히 나답게

🌿 St. Jean Pied de Port – Roncesvalles : 27km

(생장 – 론세스바예스 : 27km)

언제나 그랬듯이 시작이 서툴렀다. 하지만 이번에는 너무했다는 생각이 든다. '근거 없는 낙관주의'가 삶의 모토라고 해도 말이다. 언제 어디서나 '행운은 내 편'이라는 생각으로 살았고, 생각한 대로 방향이 흘러갔다. 그런데 행운이 내 편이라고 한들, 아무런 준비 없이 낙관만 하다가는 큰코다칠 수 있다. 지금이 딱 그랬다. 사실은 남들과는 다른 특별한 길을 가보고 싶었다. 그래서 프랑스 남부에서 오래 머물면서 거기서부터 걸을 수 있는 길을 찾았다. 프랑스 아를에서 '산티아고 데 콤포스텔라'까지 걸을 수 있는 길이 있었다. 대략 두 달이 걸린다고 했다. 그런데 너무 외로워질 것 같았다. 가끔 내가 원해서 고독 속으로 들어가는 건 괜찮지만 처음부터 외로워지는 건 견딜 수가 없었다. 그래서 결정했다. 그리고 모두가 카미노를 걷기 위해 시작한다는 생장으로 향했다.

프랑스 남부 아를에서 10시간 동안 기차를 탔을 때는 배낭을 멘 여행자들을 많이 볼 수 없었다. 생장으로 가기 위해서는 바욘에서 버스를 타거나 기차를 타고 들어가야 한다. 바욘에 내리는 순간 공기가 남다른 것을 알 수 있었다. 배낭에 스틱을 들고 온 사람들을 보면서 나도 모르게 안도감이 느껴졌다. 남들이 가지 않는 길은 새롭지만 외로움을 동반하고, 이미 알려진 길은 '뻔'하지만 안정감을 느끼게 해준다는 소소한 진리를 발견하는 순간이었다. 그리고 난 외로움과 안정감의 경계에서 흔쾌히 안정감을 선택했다.

  혼자 시작하려고 온 길이었는데 바욘에서부터 친구를 만났다. 바욘에서 버스를 탔는데 "아 더워!"라는 한국말을 들었다. 그동안 프랑스 남부에 있으면서 한국 사람을 거의 만나지 못했기에 반가움이 배가 됐다. 한국에서 한의사를 하다가 다니던 직장을 그만두고 산티아고를 걷기 위해 온 동갑내기 정우였다. 아무 정보 없이 무작정 이곳에 온 나와는 달리 그는 만반의 채비를 갖추고 있었다. 그리고 먼저 산티아고를 걷고 있는 친구에게로부터 실시간으로 정보를 받고 있었다.

  프랑스 파리에서 직진으로 올 수 있는 거리를, 아를에 가보겠다며 삼각형으로 돌아왔다. 하지만 돌아갔다고 해서, 빨리 가지 못했다고 해서 후회하지 않는다. 그 시간조차 나를 만들어가는 초석이 되며 그 시간들로 인해 '잘했다'라고 말하는 순간이 올 것이므로…. 그런데 그 말을 할 수 있기까지 채 하루가 걸리지 않았다. 나는 예정했던 날짜보다 5일 늦게 생장에 도착했다. 가장 험하다는 피레네 산맥을 넘기까지 아무런 정보가 없었던 나였다. 생장에서 출발하고 $8km$ 되는 지점인 오리손에서 아주머니 한 분을 만났다. 프랑스 뤼피부터 이미 한 달을 걷고 앞으로 또 한 달을 걸으실 거라고 하셨다. 걷는 것을 너무 사랑하시는 분이셨다. 제주도에서 집을 렌트에서 올레길을 걷는 친구들에게 집을 언제나 오픈해 주신다고 했다. 시간만 허락한다면 산티아고에 이르는 모든 길을 다 걷겠다는 포부를 가진 아주머니는 이렇게 말씀하셨다.

"생장에서 론세스바예스까지 두 갈래 길이 있는 거 알지? 지금 우리가 걷고 있는 나폴레옹 길과 발카를로스 길이 있는데, 이 나폴레옹 길이 어제까지만 해도 통제가 되었었다는 거 알아? 이 길이 오늘부터 열린 거야."

이 길은 나폴레옹이 반도 전쟁 중에 부대를 이끌고 스페인을 드나들 때 즐겨 찾았던 길이다. 그리고 중세 순례자들이 숲속에 숨은 산적을 피해 선택한 길이기도 하다. 고원에 올랐을 때는 환상적인 피레네 산맥의 풍경을 볼 수가 있다. 만약 내가 5일 늦게 생장에 도착하지 않았다면, 혹시라도 하루만 일찍 왔더라도 나는 이 길을 걷지 못하는 것이었다. 이쯤이면 행운은 아직 내 편이라고 당당하게 말할 수 있을 것이다. 가끔은 내가 당연하게 누릴 줄 알았던 권리가 당연하지 않은 것일 수도 있다는 생각을 해본다. 그 권리 뒤에는 많은 것들이 받쳐줘야 하는 것임을…. 그렇게 생각하면 세상에 감사하지 않은 게 단 하나도 없다. 감사로 채워진 인생은 계속 감사할 일들을 만들게 한다.

산티아고에 대한 많은 정보 책에서 알려주고 있듯이 생장에서 론세스바예스에 이르는 첫 코스가 제일 고되고 힘들다고 한다. 중간에 음식을 사먹을 마땅한 곳도 없기 때문에, 열량이 높은 간식 위주로 준비를 해 가라는 정보도 도처에 널려 있다. 하지만 나는 한국으로 미처 보내지 못한 노트북과 옷, 그리고 생활용품이 담긴 16kg의 배낭을 메고 피레네 산맥을 넘었다. 마치 공수부대 군인이 되어 천리행군을 하는 심정으로 말이다. 그런데 난 물도 없었고 간식 하나 가지고 있지 않았다. 생장에서 오리손까지 걸었을 때 '걸을 만하네. 나의 체력은 아직 살아 있어'라고 자신했던 마음은 그새 어딜 가고 없었다. 조그마한 배낭을 메고 가벼운 발걸음으로 친구와 함께 와서 조잘대면서 걸어 올라가는 순례자들이 부러우면서 얄미웠을 뿐이다.

 보통 산티아고 순례길을 걸으려고 시작했을 때 배낭의 무게는 자신의 몸무게의 1/10이 적당하다고 한다. 체중이 50kg인 사람은 5~6kg의 배낭이 적당한 셈이다. 공수부대 군인들이 천리행군을 할 때 메는 군장의 무게가 20kg이다. 50kg을 조금 넘는 내가 지금 16kg의 배낭을 메고 동네 뒷산도 아닌 피레네 산맥을 넘겠다는 건 정말 무모한 도전이었다. 그리고 몰랐으니 이 무모함도 가능했다. 정우는 그래도 내 보폭을 맞춰주며 가방을 들어주겠다고 했는데 내가 자랑스럽게 거절을 했다. 내 짐의 무게는 내가 들고 가야 하는 삶의 무게라면서…. 그리고 난 곧바로 후회했다. 들어준다고 했을 때 못 이기는 척 하고 맡기는 것도 지혜로운 것이다. 그렇게 내 안의 꿈틀대는 많은 감정과 육체와 싸우며 힘들게 고원에 올랐다. 피레네 산맥 자락을 바라보며 벅찬 마음이 올라왔다. 그런데 그 벅참은 잠시였다.

 나는 곧 당이 떨어져서 쓰러져버릴 것 같은 허기를 느꼈다. 그러고는 이내 그 자리에서 말라버릴 것 같은 심각한 갈증까지 찾아왔다. 정상에 서서 이제 내려갈 일만 남았는데 나는 그대로 주저앉고 말았다. 그리고 죽어버릴 것만 같은 기분에 휩싸였다. 눈이 돌아가고 정신이 희미해질 때 정우가 초코바를 건넸다. 이거라도 먹어야 산다면서…. 그 초코바는 죽어가는 생명을 살리는 '부활'의 상징과도 같았다. 평상시에 잘 먹지도 않는 그 초코바가 그렇게 강력한 에너지를 전달할 줄이야… 초코바를 먹고 잠시 잠깐 힘을 얻었다. 그런데 내리막길이 더 힘들었다. 내려오다가 미국에서 온 어느 노부부를 만났다. 초코바의 힘으로 잠깐이나마 이야기를 나누면서 내려올 수 있었다. 그 부부는 영화 〈The Way〉를 보고 이 길을 걷기로 마음먹었다고 했다. 그러면서 영화에 대한 내용을 설명해 주기 시작했다. 그러더니 자신들의 몸도 불편하면서 나에게 더 필요할 것 같다며 스틱을 선뜻 나에게 내주었다. 처음엔 한사코 거절을 하다가 다음 알베르게에 가서 꼭 드리겠다고 말하고는 감사히 받았다. 순전히 그 스틱 덕에 나는 무사히 론세스바예스까지 내려올 수 있었다. 숙소가 눈에 보였을 때는 '이제 난 살았구나'라는 안도감이 밀려왔다.

마냥 경건과 축복만이 가득할 거 같았던 이 길에 대한 환상은 준비 부족으로 하루 만에 깨지고 말았다. 그래도 적재적소에 함께 해주는 사람들의 만남으로 다시 한번 마음이 겸허해졌다. 그 반면에 험하다는 피레네를 군장 무게와 비슷한 배낭과 함께 두 다리로 저벅저벅 올랐다는 사실에 나 자신이 대견스러웠다. 그리고 동시에 가슴 한켠으로는 앞으로의 여정에 대한 기대감이 한껏 부풀어 오르는 것을 느꼈다.

만남

인생에서의 모든 만남은
우연인 것 같지만
필연일지도 모른다.
누군가를 만나
'정말 신기하다'라는 말을
몇 번이고 내뱉게 되는 사람,
그런 사람들로 인하여
당신 인생의 길 위의
동반자가 채워진다.

02 피레네 산맥이 가르쳐 준 것들

🌱 Roncesvalles – Zubiri : 21.9km

(론세스바예스 – 수비리 : 21.9km)

　　　　　　　　우리는 어떤 목표가 생겼을 때 목표의 끝 지점에 도달해야 완성이 된다고 생각한다. 그리고 그 지점에서 중대한 변화가 올 것이라고 기대한다. 하지만 '시작이 반이다'라는 말이 있듯이, 실은 목표를 이루기 위해 마음을 먹은 그 순간부터 변화가 시작된다.

　산티아고로 향하는 길이 한국 사람들에게 이렇게까지 인기가 있는 줄은 몰랐다. 주변에 카미노에 다녀왔다는 사람들의 이야기는 많이 들었지만 시작부터 이렇게 한국 사람들을 많이 만날 줄이야… 분명한 것은 여기 온 사람들 모두 인생에서 뭔가 전환점을 맞이하고 싶어하는 사람들이라는 것이다. 그리고 자신의 인생을 위해 간절하게 뭔가 찾고 싶어서 온 사람들은 마음이 100퍼센트 열려 있다. 다른 여행지에서 만나는 여행자들과는 또 다른 느낌! 처음부터 내 이야기를 스스럼없이 꺼내 놓아도 될 것 같은 느낌! 이곳에서 만나는 사람들은 왠지 더 특별하게 다가온다.

생장에서 론세스바예스까지가 가장 힘든 코스라고는 했다. 하지만 보통 새벽에 출발해서 오후 3~4시쯤이면 도착하는 코스를 난 저녁 6시 30분에 도착했다. 생사를 오가는 사투를 벌이며 그래도 승리를 했다. 그리고 도착하자마자 한 일은 배낭을 다음 알베르게로 보낼 수 있는지에 대해 알아보는 것이었다. 몰라서 하루는 어떻게 넘겼다고 치자. 아무리 고생을 할 각오로 왔다고 해도 앞으로 한 달 이상 남은 여정을 이 배낭을 짊어지고 간다는 건 있을 수 없는 일이었다. 보통 힘 좋은 남성들도 7~8kg 되는 배낭을 메고 가는데, 두 배나 되는 배낭을 지고 피레네 산맥을 넘었다고 하면 반응은 두 가지로 나누어진다. 정말 대단하다고 하거나, 미쳤다고 하거나….

론세스바예스에 도착했을 때 만신창이 된 나를 처음 맞아준 건 여유 있게 모여 앉아 MT 온 대학생들의 분위기를 내는 한국 청년 다섯이었다. 그들은 미리 도착해서 빨래를 다 마치고, 삼삼오오 모여 앉아 저녁을 기다리고 있었다. 그들은 누구보다도 여유로워 보였다. 젊음이 가져다주는 특권일지도 모른다는 생각을 했다. 언젠가부터 20대들의 싱그러움이 부러운 건, 더 이상 새로운 것들을 봐도 20대만큼의 감탄사가 흘러나오지 않는다는 것이다. 그렇다고 해도 20대로 돌아가고 싶지 않은 건, 나만의 20대를 잘 보냈다는 반증이기도 하겠지.

10대, 20대의 나는 언제나 남들과는 다른 것들을 꿈꾸며 살았다. 수능을 보고 점수에 맞추어 공무원 같은 평생직장을 얻을 수 있는 학교를 가고, 과를 선택하라고 했을 때 그렇게 하지 않았다. 내가 좋아하는 일과 잘할 수 있는 일이 무엇일까를 고민하며 과감하게 일찍 독립했다. 그리고 꿈을 좇아 서울에서 대학 생활을 하면서 수시로 엄습해 오는 외로움과 싸워야만 했다. 그리고 도저히 따라잡을 수 없는 문화적인 혼돈 사이에서 적응하려 사투를 벌였다. 그렇게 열심히 산다고 살았는데 나의 20대는 부모님께 인정받지 못했다. 부모님께 인정받는 직업은 바로 공무원뿐이었기 때문이다.

불안정하긴 했지만 내가 좋아하는 일, 하고 싶었던 일들을 20대에 다 했다는 것은 축복이었다. 그래서 30대를 맞았을 때 뭔지 모를 안정감을 느꼈다. 흔히들 30대가 되면 안정감을 느낀다는 소리를 많이 한다. 그것은 내 상황이, 주위 환경이 안정적이어서가 아니다. 자신의 인생에서 포기해야 될 것이 무엇인지 알고, 인생에 대한 자신만의 기준이 생기기 때문이다. 다 감싸 안고 가려고 하는 20대와는 달리 잘 버릴 수 있는 시기가 이때인 것이다. 무엇을 버리면서 가야 하는지 안다는 것은 20대를 치열하게 살아낸 사람들에게 주어지는 선물이라고나 할까! 그래서 난 말한다. 20대는 안정적인 것을 찾아다니는 시기가 절대 아니라고…. 하고 싶었던 것들을 찾아 이리저리 부딪히며 깨져야 하는 특권의 시간이 20대이다.

론세스바예스에서 다음 마을의 알베르게까지 7유로에 배낭을 배달해 주는 시스템이 있었다. 여기서 알베르게란 순례자들의 숙소(게스트 하우스)이다. 알베르게는 공립과 사립으로 나뉘는데 1박 요금의 경우 공립은 5~10유로, 사립은 10~20유로 정도이다. 이럴 줄 알았으면 생장에서부터 짐을 부치고 오는 건데…. 정보의 부재다. 적극적으로 알아보려 하지 않은 나의 행동도 한몫했지만 그래도 그 무거운 짐을 이고 피레네 산맥을 넘은 것을 자랑스러워하며 7유로의 달콤한 유혹에 못 이기는 척 넘어가기로 한다. 어떤 짐 없이 걸을 수 있다는 것은 대단한 축복이다. 발걸음이 너무 가벼워져 앞에 걸어가는 사람들을 거의 제치고 갈 정도였다. 그리고 내 마음에 다시 행복을 찾았다. 발걸음이 빨라지니 전날과 달리 같이 걷는 정우에게 미안한 마음을 가질 필요가 전혀 없었다. 아주 가뿐한 마음으로 수비리에 도착할 수 있었다. 조그만 개울이 있는 다리를 지나니 아기자기한 마을이 나왔다. 론세스바예스에서 부쳤던 배낭은 나보다 먼저 도착해서 나를 기다리고 있었다. 그리고 나는 여유있게 오후를 즐길 수 있었다.

그런데 고생한 만큼 기억이 더 오래 남는다는 말이 맞기는 맞나 보다. 배낭 없이 홀가분하게 걸었다. 그리고 오르막길도 심하지 않고 비교적 순탄한 내리막길이 주였다. 걷기에 환상적인 날씨는 이루 말할 것도 없고, 산과 들과 강이 적절히 조화된 아름다운 풍경이었다. 마을에 일찍 도착해서 완벽한 휴식을 할 수도 있었고…

그럼에도 불구하고 기억이 가물가물하다.

리셋

각자의 문제와 사연을 가지고
이곳에 모인다
이 길을 다 걷고 나면
문제의 답을
찾을 수 있을 거라 생각하며.

하지만 우리는 안다
이미 이 길을 걷겠다고
마음먹은 순간
한 걸음을 뗀 순간
인생은
리셋되고 있다는 사실을.

03 혼자 하는 여행의 매력

Zubiri – Pamplona : 21.4km
(수비리 – 팜플로나 : 21.4km)

　　　　　　사실 그랬다. 정보에 의지하여 계획적으로 뭔가를 보러 찾아다니기보다는 내가 간 특정 장소, 특정 시간에 어떤 사람을 만나서 어떤 이야기를 하는가가 더 중요했다. 그래서 항상 만나는 사람에 대한 기대가 우선이었다.

　20대 때는 혼자보다는 둘이 좋았다. 국내로, 해외로 틈나는 대로 여행을 다니긴 했지만 항상 함께 하는 친구가 있었다. 같은 듯 다르게, 다른 듯 같게 함께 공감할 수 있는 친구 덕에 더 풍요로운 여행을 할 수 있었다. 그런데 어느 순간에 혼자 하는 여행에 대한 로망을 갖게 되었다. 잠시라도 내 옆에 누군가가 없으면 나도 모르는 외로움에 휩싸였다. 그래서 난 혼자서도 꿋꿋하게 자신의 인생을 즐길 줄 아는 친구들이 부러웠다. 별걸 다 부러워한다고 생각할 수도 있다. 하지만 사람을 의지하는 나에게 혼자 결정을 내리고 자신만의 길을 가는 사람들이 참 멋있었다.

사이토 다카시는《혼자 있는 시간의 힘》에서 이렇게 말한다.

> 사람들과 함께 있을 때는 온전한 내가 될 수 없다. 왜냐하면 다른 사람을 의식하게 되어 자신의 개성과 성격을 전부 상대방에 맞추기 때문이다. 그래서 '자신의 중심을 되찾는 것'이 필요하고 이러한 기회는 아이러니하게도 혼자 있는 시간에 온다. (…) 사실 방랑은 그 자체가 혼자 있는 시간을 즐기는 기술이다. 마음이 한 곳에 머물면 상태는 악화되지만 걷기 시작하면 주변의 풍경이 바뀌어 간다. 주변 풍경이 내 뒤로 흘러가고 그런 흐름에 융화되면 마음도 흘러간다. 이것이 외롭고 우울하다고 집에만 틀어박혀 있지 말아야 할 이유다.

20대 후반 즈음에 난 용기를 냈다. 홀로 하는 여행의 시작을 제주도로 결정했다. 제주도에 가서 스쿠터를 빌리고는 30분 만에 속성으로 배워 제주도 일주를 시작했다. 우도를 갔을 때 우도봉에서 스위스에서 혼자 여행 온 친구를 만났다. 호텔에서 눈코 뜰 새 없이 바쁘게 일하다가, 몇 년 만에 2주의 시간을 내서 아시아로 여행을 왔다고 했다. 혼자 해외여행을 왔다는 사실에 그에게 칭찬을 해주며 말을 이어갔다.

"나는 너처럼 이제껏 혼자 여행을 해본 적이 없어. 그래서 용기 내서 온 거야."

"넌 혼자가 아니야. 봐, 지금도 나와 함께 걷고 있잖아. 난 2주간의 여행을 하기 위해 스위스에서 여기까지 왔지만, 여행을 하면서 단 한

번도 혼자인 적이 없었어. 언제나 다양한 친구들로 채워져. 호텔에서만 일하던 내가 어디서 이렇게 다양한 친구들을 알게 되겠어? 여행이 더 풍요로워질 뿐 아니라, 언제 어디서 어떻게 만날지 모르는 그 짧은 인연들로 내 인생이 바뀔 수도 있어."

떠나기 전까지 많은 두려움에 휩싸여 잘하는 것인가를 몇 번이고 생각했었다. 하지만 여행 끝자락에서 스위스에서 온 친구의 말처럼 내가 결코 혼자였던 적은 없었다는 사실을 알게 되었다. 혼자 여행을 하면 더 많은 다양한 사람들을 만날 수 있다. 이렇게 난 혼자 하는 여행의 묘미를 느끼게 되었다. 그리고 이곳까지 올 수 있게 된 것이다. 그것도 혼자서….

그렇게 흘러온 산티아고 시작 전에서부터 난 동행을 만났다. 바욘에서 생장으로 가는 버스 안에서부터 만난 동갑내기 친구 정우와 함께 생장에서부터 팜플로나까지 3일을 같이 걸었다. 정우의 초등학교 친구가 산티아고 길을 앞서서 걷고 있다며, 많은 정보들을 알려줘 정우는 말 그대로 정보통이었다. 하루차 때는 자신의 페이스대로라면 일찍 도착하고도 남았을 텐데, 나 때문에 처음부터 끝까지 함께 해줘서 고마웠다. 자신은 얼마나 나를 만나서 답답했을까. 자신의 초코바를 나눠주고, 나의 가방을 들어 주겠다 했는데 내가 거절했다. 하지만 나중에 카미노에서 그런 호의를 감사히 받을 줄도 알아야 한다는 것을 배우게 되었다. 언젠가는 나도 그 호의를 누군가에게 베풀고 있을 것이었기에…. 정우는 운동을 좋아해서 제주도 올레길도 다 걷고, 등산도 자주 한다고 했다. 그러면서 처음 3일 정도는 여유 있게 걸으면서 자신의 페이스를 찾으며, 이 길에 적응해야 한다고 했다.

오늘도 역시 난 수비리에서 팜플로나까지 7유로를 주고 짐을 부쳤다. 그래서 가벼운 마음으로 풍경들을 즐기며 걸을 수 있었다. 잠깐의 도로가 있는 평지를 지나기도 했지만, 중간에 작은 도시 아래부터 비야바, 그리고 카미노에서 처음 만나는 큰 도시로 잇는 팜플로나까지 평지를 지나갔다. 이색적이었던 풍경이 있었다. 우리가 걷는 길 양 옆으로 나무들이 우뚝 서 있었는데 마주보는 나무들의 줄기가 연결되어 아름다운 아치를 형성하고 있었다. 뿌리가 다른 나무가 서로 엉켜 한 나무처럼 자라는 연리지처럼….

그렇게 가뿐하게 역사 깊은 마을을 둘러싸고 지어진 활기 넘치는 대학도시인 팜플로나에 도착했다. 수비리에서 부친 배낭이 먼저 도착해 나를 반겨줄 거란 생각을 가지고 알베르게에 들어섰다. 그런데 내 배낭의 행방을 아는 이는 아무도 없었다. 오자마자 씻고 여유를 즐기며 동네 산책을 하겠다는 나의 계획은 물거품이 되었다. 더 나아가서 내 배낭을 찾지 못한다면? 생각만 해도 아찔했다. 알베르게의 호스피탈레로는 아무것도 안 왔다는 말만 연신 되풀이했다. 그 순간 나도 모르게 눈물이 왈칵 쏟아졌다. 그 눈물을 보고 호스피탈레로는 걱정 말라며 여기저기 전화를 해 수소문해 주었다. 배낭의 행방을 찾기 위한 게임이 시작된 것이다. 나의 눈물은 비단 배낭이 오지 않은 당혹스러움에 흘린 눈물만은 아니었다. 함께하지만, 결국엔 나 홀로 겪고 감당해야 한다는 무게에 대한 눈물이었다.

홀로서기 위해 찾아온 길이었고 불과 몇 십분 전까지만 해도 홀로 섰다고 생각을 했었는데, 있어야 하는 나의 배낭이 없다는 말에 나는 여지없이 와르르 무너졌다. 아직 난 나약하고 의지적인 인간이었던 것이다. 아무것도 자신할 수 없다는 것을 깨달았다. 그리고 항상 겸손하게 살아야겠다고 생각했다.

호스피탈레로가 한 시간 가량 헌신적으로 수소문을 한 끝에, 전 마을에서 부쳤던 나의 배낭이 오후 다섯 시경에 도착한다는 소식을 알려주었다. 알베르게에 도착했던 시간이 오후 한 시였으니 네 시간을 멀뚱멀뚱 아무것도 못하고 보내야 했다. 함께 도착했던 일행, 그리고 속속들이 도착해서 체크인을 하고 침대를 배정받고, 각자의 배낭에서 물품들을 꺼내고는 다음에 할 일들을 진행하는 순례자들을 보니 너무 부러웠다. 그리 부러워할 것은 아니었는데 참 상황이 그렇다. 그들이 나에게 해줄 수 있는 건 아무것도 없다는 사실에 또한 눈물이 났다. 그리고 그 눈물을 며칠을 마주쳤던 한국 사람들에게 다 보이고 말았다는 사실에 나 자신에게 화가 났다.

하루 코스를 마치고 샤워를 하고 개운한 마음으로 동네 산책을 하는 것이 소소한 기쁨이라면 기쁨이다. 그런데 그 모든 것을 박탈당했으니 배낭이 도착하는 시간 동안 할 거리를 찾아야 했다. 그것은 바로 배낭에 들어있는 짐들을 부칠 곳을 찾는 일이었다. 더 이상 반칙하는 기분으로 다음 마을까지 배낭을 보낼 수는 없었기 때문이다. 우체국을 찾았고, 이곳에서 산티아고 데 콤포스텔라 우체국에 보내면 14일간 짐을 보관해 준다고 했다. 14일 안에 내가 도착할 수 있으면 괜찮은데 도착하지 못할 거 같아서 마드리드에 있는 한국인이 운영하는 알베르게에 짐을 부치기로 했다. 스페인 내에서 소포 요금은 무게 구간별로 책정된다. 5kg까지는 소포 요금이 같고, 5kg에서 10kg까지는 그보다 비싸지만 6㎏나 10㎏이나 같은 구간 내에서는 요금이 동일하다.

방황하다가 늦게 만난 나의 배낭에서 당분간 필요 없는 짐을 빼서 처분하고 나니까 배낭 무게가 7㎏으로 줄었다. 유레카를 외치고 싶은 심정이었다. 배낭의 짐이 반으로 줄었는데도 여전히 내 배낭은 다른 순례자들 것보다 무거웠다. 그리고 어느 순간부터 길을 걸으면서 물건들을 하나씩 버리고 있는 나를 발견하게 되었다. 말하자면 시작하는 첫날부터 오늘 이 날까지, 포기하기 좋은 3일을 보낸 것이다. 개념 없이, 준비 없이 오면 이런 고생을 한다는 것을 보여주는 좋은 본보기가 아니고 무엇이란 말인가.

나의 하루는 항상 남들보다 늦게 시작하고 늦게 끝났다. 하지만 조바심은 나지 않는다. 우리의 목적지는 같지만 가고자 하는 이유와 방향은 모두 다를 것이다. 빨리 가는 것만이 능사가 아니라는 것을 알기 때문이다. 모든 길에서 따뜻한 햇살과 시원한 바람을 마음껏 느끼며 갈 수 있어야 한다. 또한 비가 오면 비가 오는 대로, 모진 바람이 불면 부는 대로 그것들을 견디면서 앞으로 뚜벅뚜벅 걸어 나갈 수 있는 힘을 길러야 한다. 순례자는 그렇게 동행들과 함께하지만 홀로 설 수 있는 멋있고 강인한 사람이 되어야 한다.

동행

홀로 걷기 위해 온 길이라지만
이 길이 결코 외롭지 않은 건
함께 걷는 사람들이 있어서다.
배려가 일상이 되고
도움을 주고받는 것이 자연스러워지는 곳,
그렇게 난 무장해제 된다.

04 진정한 홀로서기

🌾 Pamplona – Puente la Reina : 24km
(팜플로나 – 푸엔테 라 레이나 : 24km)

출발할 때부터 3일간 같이 걸었던 정우와 작별을 했다. 난 7㎏이 줄어든 나의 배낭을 메고 새로운 마음으로 팜플로나에서 출발을 했다. 이제는 짐도 줄었으니 다시는 배낭과 떨어지지 않으리라는 굳은 결심과 함께 말이다. 이제 진정으로 홀로서기를 하는 것인가. 그동안 사람들에게 너무 의지했던 것 같다. 하지만 어둠이 채 가시지 않은 새벽에 길을 혼자 나서는데 노란 화살표만을 의지해서 걸어가야 하는 현실에 갑자기 두려움이 몰려왔다. 하지만 '어떻게든 되겠지' 하는 나의 오랜 생활 신조가 어느새 마음에 똬리를 틀어 이내 평안을 되찾았다.

대도시는 큰 마트도 있고 볼거리가 많아 편리하다. 하지만 순례자에겐 대도시에서 길을 찾기가 여간 어려운 일이 아니다. 한양에서 김서방을 찾는 것처럼…. 팜플로나에서 빠져나가는 길도 혼자였기에 쉽진 않았지만, 혼자였기에 또 금방 동행을 만났다. 팜플로나 도시 끝자락에서 만난 짐이라는 친구다. 그는 캐나다에서 왔고 IT관련 직종에서 일하는 저널리스트라고 자신을 소개했다. 짐은 12년 동안 쉼 없이 일했다고 했다. 그래서 이 카미노가 자신에게 매우 특별한 여행이라고 한다. 어떻게 한 분야에서 10년 이상을 일할 수가 있을까? 매번 일하는 환경과 분야가 1~2년 단위로 바뀌었던 나의 20대를 돌아보았다. 한 분야에서 꾸준히 10년 이상을 근무했다고 하면 굉장히 성실하고 책임감 있어 보인다. 그렇다고 내가 책임감이 없었던 것은 아니다. 단지 일하는 분야의 특성에 따라 다른 것이니, 일한 기간으로 그 사람의 성실 유무를 판단할 수는 없을 것이다. 이렇게 생각하면서도 한 분야에 오래 근무하는 사람들이 대단해 보이는 건 어쩔 수가 없다.

짐은 자신이 카미노를 걸으면서 겪었던 에피소드를 나에게 들려주었다. 짐은 오랜 시간을 앉아서 일하다 보니 건강이 별로 좋지 않다고 했다. 특히 허리 쪽이 말이다. 그래서 하루에 많이 걷지 않는다고 했다. 어느 날은 순례자들이 많이 모인 자리에서 "I have a problem with my back"(나는 등에 문제가 있어)이라고 말을 하고 잠자리에 들었다. 그 다음날 그 얘기를 들은 순례자들이 짐에게 가방과 자신의 소지품들을 하나씩 주더란다. 이상하게 생각한 짐이 "왜 이걸 나에게 주는 거야?"라고 물어봤다고 한다. 그랬더니 어떤 순례자가 "너 배낭에 문제가 생겼다며! 잃어버린 거 아니야? 그래서 우리가 성의를 모았어"라고 하더란다. 짐은 그때서야 이해를 했다고 했다. 자신이 말한 back(등)이란 단어를 순례자들이 bag(가방)으로 듣고 그렇게 십시일반으로 도움을 주었던 것이다. 아마 그때 순례자들

중에 영어를 모국어로 사용하는 사람이 없었나 보다. 몇 시간 전까지만 해도 저 말은 나에게 해당하는 말이었다. "I have a problem with my bag."(내 가방에 문제가 생겼어) 적재적소에 나에게 나타나서 이런 에피소드를 들려주는 짐이 나에게 위로가 되었다. 비록 언어에 대한 오해로 시작된 것이지만, 남의 아픔을 그냥 지나치지 않는 카미노 순례자들의 '정'이 엿보이는 가슴 훈훈한 에피소드였다.

세계 각국에서 온 사람들이 모이는 길이다 보니 대화는 영어로 한다. 같은 영어지만 각 나라가 갖는 언어의 특성에 따라 언어가 갖는 느낌이 달라지기도 한다. 하지만 언어란 것을 뛰어넘는 것은 사람들의 따뜻한 마음이다. 카미노에선 순례자들이 이렇게 소통을 한다. 서로가 말하는 상황들을 마음을 다해 귀담아 들으면서 말이다.

생장에서 피레네 산맥을 넘은 이후 줄곧 평지 아니면 내리막길만 있었는데 오랜만에 오르막길을 만났다. 해발 790m 위에 있는 페르돈 봉 Alto del Perdon이었다. 이 언덕 정상에는 쇠로 만든 중세 순례자들의 조각상들이 있다. 오랜만에 정상에서 만나는 바람은 솜털을 간질이며, 부드럽고 시원하게 다가왔다. 많은 순례자들이 이곳에서 기념사진 촬영만을 한 채 바쁘게 걸음을 내딛지만, 나는 한 구석에 앉아 페르돈 봉에 대한 의미를 되새겨 보았다. '용서의 언덕'이나 '자비의 언덕'쯤으로 풀이될 수 있는 이곳에서 지난날을 생각하며 용서해야 할 누군가가 있는지 떠올려 보았다.

가까웠던 누군가와 문제가 발생했을 때 한 걸음 물러나 해결할 수 있는 '때'를 기다리는 것이 좋은 방법이라 생각했었다. 서로의 의견

차이와 격한 감정으로 당시에는 해결할 방법이 없는 것 같았기 때문이다. 대립하기 싫어서 한 발짝만 물러서 있겠다는 것이 한 다섯 발짝은 뒤로 와 있는 느낌이었다. 나와는 맞지 않는 사람, 더 이상 소통할 수 없는 사람은 그냥 나의 레이더망에서 제거하는 것이 좋다고 판단했었다. 그런데 어쩔 수 없이 평생을 봐야 하는 관계라면? 이 언덕에서 '용서'할 수 있는 힘을 달라고 기도했다. 그리고 모든 문제는 자연스럽게 풀리게 해 달라고 기도했다.

그렇게 한 시간을 앉아 산 아랫자락을 바라보며 하염없이 생각에 잠겼다. 내려가야 할 길을 물끄러미 바라본다. 올라왔던 길과 내려가야 할 길이 대조적으로 보인다. 마음이 한껏 가벼워진 느낌이다. 그렇게 산뜻한 감정을 유지할 수 있다는 것도 복이라는 생각이 들었다. 그렇게 또 몇 시간을 걸어서 로마네스크 양식의 아름다운 다리가 있는 마을 '푸엔테 라 레이나'에 도착했다. 점점 알베르게에 도착하는 시간이 빨라지고 있다는 사실에 나 자신이 대견스러웠다.

오늘만큼은 스페인의 따사로운 햇살을 '굳이 걸으면서' 느끼지 않아도 되었다. 알베르게에 일찍 도착해서 짐을 벗어 던지고 온몸으로 오후 햇볕의 따뜻함을 만끽했다. 그리고 그 첫 시간을 가질 수 있음에 감사했다.

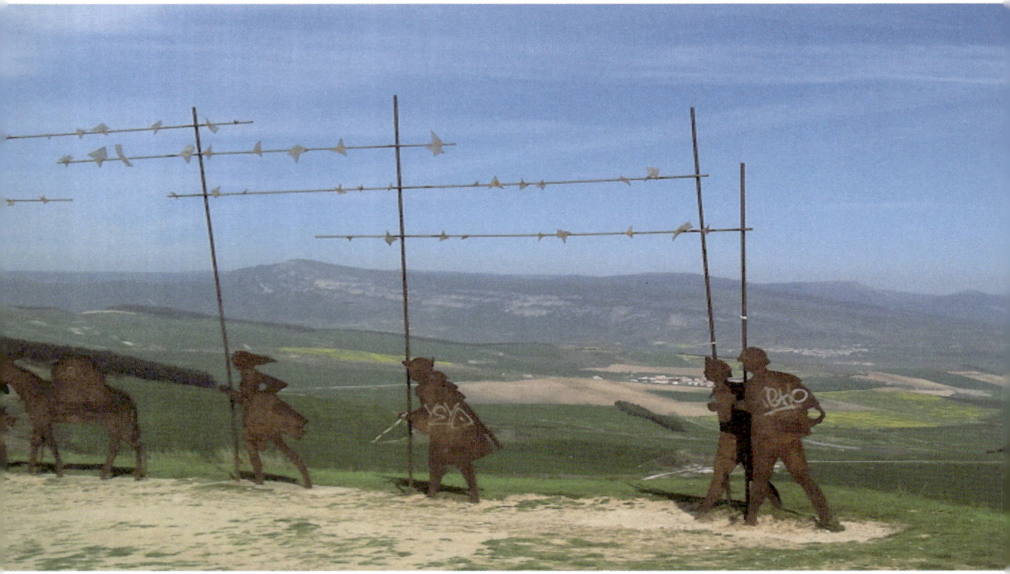

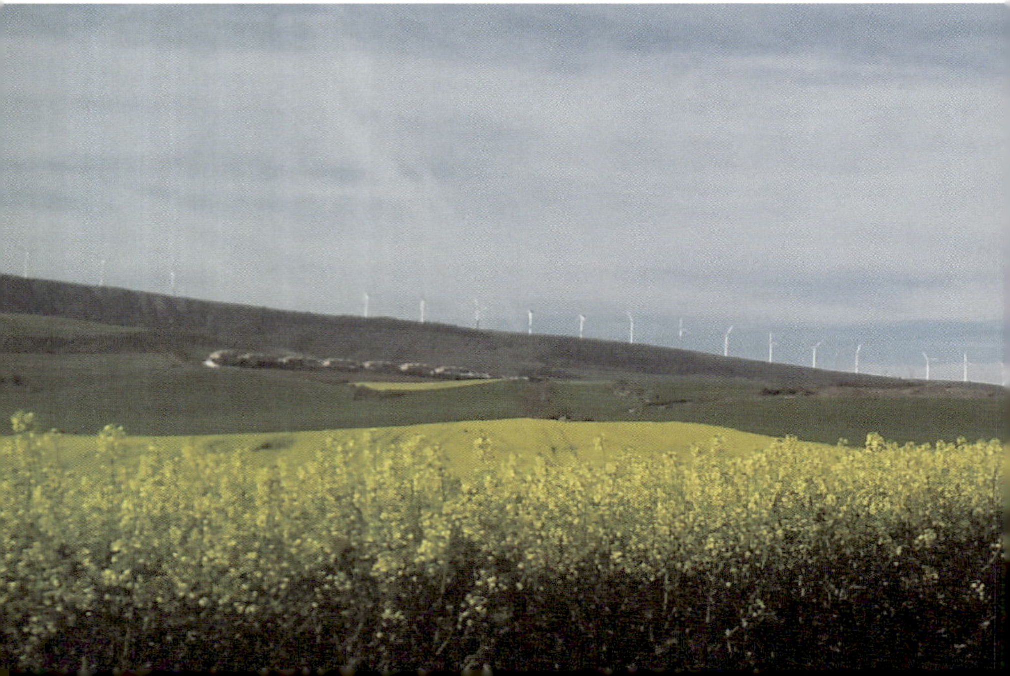

홀로서기

홀로서기는
자유롭고 편안한 상태가 되는 일 —
홀로서기를 한 사람에게는
자신감
여유
배려가
묻어난다.
나도
그런 사람이고 싶다.

05 꺼내놓고, 표현하고, 새살을 덮어라

🌿 Puente la Reina – Estella : 21.9km

(푸엔테 라 레이나 – 에스테야 : 21.9km)

    난 사소한 것에 있어서 '선택 장애'가 있다. 하지만 사람에 대해서는 좋아하는 사람과 싫어하는 사람의 경계가 확실하다. 그리고 호불호가 강하다. 사람들은 포커페이스로 살아야지 사회생활을 잘 할 수 있다고 했다. 그런데 난 나의 모든 감정이 얼굴에 드러나는 사람이다. 나 말고 모든 사람이 나의 기분을 아는 그런 사람, 감정을 잘 들키고 그 감정을 절대 숨기지 못하는 그런 사람이 바로 나다. 그래서 늘 포커페이스로 자신의 감정을 잘 드러내지 않는 사람들을 부러워하곤 했다.

    그런데 참 이상했다. 카미노에선 평소보다 더 심한 감정의 널뛰기를 겪는다. 내면에 묻어 놓았던 잠자고 있던 감정들이 불쑥불쑥 튀어나온다. 아직 해결되지 않은 미움과 분노에 관한 감정이었다. 미움과 분노는 때로는 어떤 일을 추진하는 데 있어서 원동력이 되기도 한다.

어쩌면 내가 이렇게 카미노에 올 수 있었던 것도 그 감정 때문인지도 몰랐다. 하지만 그 감정을 해결하지 않은 채 남겨 놓는다면 부정적인 영향으로부터 자신이 좀 먹고 있다는 사실을 발견하게 될 것이다. 그래서 부정적인 감정에서 빨리 벗어나서 긍정적인 감정으로 전환이 필요한 것이다.

사람은 복합적인 얼굴을 가지고 있고, 어떤 상황에 처해 있느냐에 따라서 성격도 달라지기 때문에 어떤 사람을 하나의 특정 성격으로 분류하는 것이 쉽지 않다고 평소 생각하는 나였다. 하지만 말은 그 사람의 생각을 담고 있고, 행동은 그 사람의 인성을 담고 있다고 생각한다. 그래서 사람들이 하는 '말'과 '행동'에 약간은 예민하게 반응하는 나였다.

카미노를 걸으면서 아름다운 자연에 흠뻑 취해서 좋은 생각, 아름다운 생각만 하고 싶었다. 세상의 모든 예쁘고 아름다운 것들에는 그것을 유지하기 위한 사람들의 노력이 있다. 그것처럼 내 안에 예쁜 생각이 들어가려면 내면이 깨끗해져야 한다는 사실은 부정할 수 없다. 그런데 자꾸 과거의 생각들로 불쑥불쑥 튀어나오는 부정적인 감정들을 제어할 수가 없었다. 그럴 땐 그것들을 온전히 꺼내 놓는 것도 치유의 한 작업이라 생각한다. '난 괜찮아, 난 괜찮아' 하면서 덮어 놓고 아름다운 것들로만 채우려고 한다면 속에서 썩어 가다가 언젠가는 크게 무너질 것이기 때문이다. 감정도, 육체도 한번쯤은 이런 시간을 통해 정화하는 작업이 필요하다. 다 꺼내놓고, 표현하고, 새살을 덮는 작업! 그러면 앞으로의 미래가 조금 더 단단해질 것 같다.

푸엔테 라 레이나에서 마을을 나오는 길에 강 위로 있는 아름다운 다리가 있었다. 도로와 산길을 지나 언덕 위를 가로질러 서 있는 고대의 석조 십자가들을 살펴본다. 그런데 어제 용서의 언덕에서 느꼈던 감정이 꼬리를 물고 이곳에서 나를 움직이지 못하게 만들었다. 언덕 중간 중간에 서 있는 십자가들은 마음을 엄숙하게 하며, 정화를 시켜주는 힘이 있는 것 같다.

언덕 위에 중세풍의 마을 시라우키를 지나는데 어떤 친구가 길을 같이 걷자고 한다. 그 친구는 독일에서 왔는데 이 길에서 동양인은 처음 본다며 너무 반갑다고 했다. 내가 이제껏 만난 한국 사람들만 해도 몇 명인데, 동양인은 왜 못 봤다는 거지? 의아하긴 했지만, 어떤 인연도 소중하지 않은 인연은 없기에… 그렇게 같이 걷다가 어떤 마을에서 알베르게를 하고 있는 한국 분을 만나고, 이야기꽃을 피웠다. 방금 만든 따뜻한 또띠야 콘 파타타(감자가 들어간 스페인식 오므라이스)가 있다고 해서 와인과 함께 먹고(그 이후에 또띠야만 찾아 먹었다는 사실!) 그 다음 마을인 에스테야로 향했다. 에스테야는 스페인어로 '별'이란 뜻이다. 도네이션으로 운영하는 수도원 알베르게를 추천받아서 그곳으로 갔다. 그런데 이게 웬일인가! 생장에서 만났던 친구들이 그곳에 다 있었다. 정우와 콜롬비아에서 온 라파엘, 그리고 이탈리아에서 온 클라우디오, 난 홍일점! 이곳에서 묶는 순례자는 단 네 명이었다. 시작을 같이 했던 친구들이었기에 더 반가웠다.

알베르게에선 대부분 음식을 해 먹을 수 있다. 그래서 저녁에 순례자들은 무리를 형성해서 음식을 해 먹기도 한다. 이탈리아에서 온 클라우디오는 자신의 직업이 요리사라고 했다. 너무나 적극적으로 자신이 장을 봐서 저녁을 할 테니 함께하라고 권한다. 그렇게 장을 봐서 함께 요리를 해 먹으면 1~3유로로 저녁을 해결할 수 있다. 함께하는 즐거움이 배가되는 것 같다. 이탈리아에서 온 친구라 클라우디오가 요리하는 파스타에 대한 기대가 너무 컸었나… 약간은 덜 익은 맛이었지만, 클라우디오에게 '최고'라며 노고를 치하했다.

우리는 도네이션으로 운영되는 수도원 알베르게에 묵고 있기에 호스피탈레로가 성당에서 오늘 미사를 드린다고 참여하라고 한다. 저녁을 먹고 우리는 잠깐 바에 들른다. 거기서 서로 와이파이를 잡는다. 이탈리아 볼로냐 지방에서 온 클라우디오는 매일 여자 친구와 통화를 한다. 그렇게 그리울 거 같이 와서 걷지. 나는 와이파이를 잡아도 연락할 사람이 없다. 아날로그 감성을 유지해야 한다며 모든 문명과 차단 중이다. 그래서 만나는 사람에게 의지를 한다. 독립적이지 못할 수도 있지만 어쨌든 나에게 맞는 사람들이 옆에 와 있기 마련이다. 그리고 도움을 준다. 꼭 도움을 바래서만은 아니지만 세상의 이치가 그런 것 같다는 생각이 든다. 너무 많은 정보는 오히려 머리를 아프게 하고 선택 장애를 겪게 하니 말이다.

미사를 드린다. 클라우디오와 라파엘은 스페인어를 알아들어서 집중한다. 하지만 정우와 나는 멀뚱멀뚱 관람자의 입장이 되어 있다. 하지만 어디서나 기도의 힘은 있으니 마음속으로 기도를 한다. 앞으로의 여정도 지켜주시고 적재적소에 좋은 만남을 허락하소서.

그렇게 5일차의 저녁도 깊어갔다.

용서

절대 용서할 수 없는 사람을 용서하는 것은

미움과 분노와 원망의 마음에서
스스로를 놓아주는 일이다.

그 순간 내면의 장애물이 사라지고
여유와 행복과 감사가 넘치게 된다.

그럼에도 불구하고
용서하고 싶지 않으면 하지 않아도 된다.

자신의 마음에서 허락될 때 그때 할 것.

06 결국은 사람

🌾 Estella – Los Arcos : 21.1km
(에스테야 – 로스 아르코스 : 21.1km)

'하루에 얼마나 걸으면 적당한지…, 몇 시에 출발하고, 몇 시에 도착하는 것이 좋은지…'

이런 숫자에 대한 개념이 없었다. 그렇다고 카미노에 대한 정보가 있는 것이 아니었다. 생장에서 나눠 주는 카미노의 알베르게에 대한 정보가 있는 한 장짜리 종이조차 없었다. 그 모든 것을 나는 팜플로나에서 마드리드로 짐을 부칠 때 모조리 떠나 보낸 것이다. 그래서 마을에 도착해서 오늘 밤 묵을 알베르게를 찾는 것은 나에게 무척 어려운 일이었다. 스마트폰으로 어플을 다운받아 카미노에 대한 정보를 쉽게 구할 수도 있었건만, 엎친 데 덮친 격으로 휴대전화에 문제가 생겨 어떤 어플리케이션도 설치할 수 없는 상황이었다.

평소 난 디지털이 싫었다. 디지털은 감수성을 파괴하며 생각하는 힘조차 빼앗아 간다고 생각했다. 그래서 난 아날로그를 지향하는 인간이라고 외치고 다녔다. 그런데 카미노에서조차 이렇게 아날로그적으로 살아가게 될지 몰랐다. 사람은 역시 생각한 대로 이루어지나 보다. 이 길에서 내가 의지할 수 있는 대상은 바로 같이 걷는 사람이었다. 무조건 사람들이 가는 방향을 따라 가기! 그러면 길을 잘못 들어설 염려는 없다. 그리고 마을에 들어서서 알베르게를 찾을 때는 어딘가에서 쉬는 척을 하다가 익숙한 사람들이 나타날 때까지 기다렸다가 그들이 가는 알베르게를 따라간다. 그러면 대부분의 순례자들을 그곳에서 만날 수 있다. 이렇게 며칠을 버텨 왔지만, 아무 정보 없이 이렇게 앞으로의 여정도 잘 헤쳐 나갈 수 있을지 걱정이 좀 되기는 했다. 목마른 사람이 우물을 판다고, 그렇게 사람을 찾다 보니 언제나 내 옆에는 도움을 주는 사람들이 있었다.

에스테야에서는 공립 알베르게가 아닌 수도원에 머물렀다. 수도원은 조금 경사진 언덕에 있었다. 어제 함께했던 세 명의 청년 중 두 명은 역시 이른 새벽에 출발했다. 그리고 언제나 늦게 출발하는 나는 콜롬비아에서 온 청년 라파엘과 함께 출발을 했다. 라파엘은 파마머리를 하여 캐릭터가 있어 보이는 청년이다. 하지만 자기관리가 철저하다는 것을 알 수 있었다. 출발 전에 언제나 준비 운동을 빼놓지 않으며, 하루 걸은 후에도 스트레칭을 매일같이 한다. 그리고 첫인상은 앙칼져 보이지만 조금만 같이 있으면 금세 허점이 보이는 나에게 언제부턴가 훈계까지 하는 것이다. 내가 너무 받아 준 건가? 나도 좀 도도한 여자가 되어야 하나? 하지만 사람은 자신의 성격대로 살아야 한다.

길을 걷기 시작하면 대부분 2~3일 내로 물집이 잡힌다. 나는 그 물집도 날 피해갈 줄 알았다. 그만큼 근거 없는 낙관주의자였다. 그런데 나도 걷기 시작한 지 3일 만에 발에 물집이 잡혔다. 그런데 별거 아니라고 생각을 했다. 그리고 물집에 대해 신경을 쓰지 않았다. 그런 나에게 시어머니보다 더한 라파엘의 잔소리가 시작되었다. 풋크림을 사서 항상 발라주라고. 그리고 걷기 전과 후에는 항상 스트레칭을 해야 한다고. 술은 조금만 마시라고. 처음에는 그러려니 했는데 이 말도 계속 들으니 청개구리처럼 하기 싫어졌다. 그리고 난 라파엘의 말을 안 듣고 아무것도 사지 않고 사나흘을 버텼다. 그렇게 자기관리가 철저하고, 자신을 하던 라파엘은 5일 만에 아킬레스건 근육통으로 아픔을 호소하며 며칠간 제대로 걷지도 못했다. 그래서 훈계는 아무한테나 하는 거 아니라고…!

평소에 많이 걷고, 운동을 많이 했다고 자부하는 사람들도 물집을 피해갈 수는 없는 것 같다. 걷기 전에 발에 바세린을 듬뿍 바르거나, 베이비파우더를 바르고 걸으면 물집이 전혀 생기지 않는다고 한다. 다음에 한번 걷게 되면 꼭 이렇게 해보리라 생각한다. 나도 처음에 물집이 생겼을 때는 놀랐었다. 그리고 굉장히 큰 일이 생긴 것만 같은 두려움이 생겼다. 하지만 익숙해지다 보니 물집이 걷는 데 방해거리는 아니었다. 오히려 물집이 없으면 허전할 때가 오곤 했다.

대학 시절에 정말 싫어했던 친구가 있었다. 나랑 상관없이 지내면 좋겠지만 그 친구는 끊임없이 나에게 다가왔다. 그리고 난 뭔가 불편함을 느꼈다. 그리고 어떤 사건이 생겨서 그 친구에게 나의 감정을 터뜨리게 되었다. 곪아있던 감정이 터지는 순간이었다. 뭔가 오해가 쌓여 있었던 것 같다. 그런데 그 이후 이상하리만큼 그 친구에 대해 감정이 편해진 것을 느꼈다. 그리고 우린 둘도 없는 친구가 되었다. 나에게 물집이 그런 존재이지 않을까 한다. 지금 이 순간만큼은 말이다. 비유가 적당했는지는 모르겠지만….

에스테야에서부터의 길은 쾌적한 오솔길이었다. 오늘의 길에서 가장 기대가 되었던 것은 바로 이라체에 있는 와인의 샘 Fuente de Vino 이었다. 산티아고 길을 잘 몰랐을 때부터 어렴풋이 들었던 와인이 나온다는 수도꼭지! 어떨 때는 와인이 나오지 않기도 한다고 했다. 오늘은 어떨지 모르지만 걸으면서 내심 기대를 했다. 길을 걷다 보니 수도꼭지가 두 개 있는 이라체 와인의 샘이 나왔다. 수도꼭지가 두 개가 있었는데 왼쪽에선 와인이, 오른쪽에선 물이 나왔다. 어떤 사람은 여기에 몇 번을 왔어도 와인이 나오는 것을 보지 못했다고 한다. 그런데 난 역시나 행운의 여자인가 보다. 수도꼭지에서 와인이 나온다. 신기할 뿐이다. 이 와인의 샘은 목이 마른 순례자들을 위한 배려라고 한다. 어떤 사람들은 페트병을 가지고 와서 와인을 가득 따라 간다고 한다. 그래서 위에 안내문까지 붙어 있다. 페트병에 담아 가지 말라고. 난 와인을 마실 수 있는 컵 하나 없었는데 앞에 있던 순례자가 가지고 있던 컵으로 따라주어 가까스로 목을 축일 수 있었다. 그리고 아쉬움을 뒤로 하고 다시 걷기 시작했다.

이라체 이후 끝도 없는 밀밭길이 펼쳐졌다. 그늘 없는 밀밭길을 헉헉거리며 걷고 있는데, 뒤에서 오던 어떤 남자가 어눌한 말투로 말을 건다.

"한국분이세요? 괜찮으시면 같이 걸어도 될까요? 제가 혼자 걸으면 걸음이 너무 빨라져서요."

"네, 안녕하세요! 저는 걸음이 굉장히 느린데 괜찮으시겠어요?"

그는 이내 자기소개를 하기 시작했다. 9살 때 스페인 바르셀로나로 이민을 가서 25년을 살았다고 했다. 그래서 한국어가 어눌하다고. 20대 초반부터 요리사로 일을 하면서, 10여 년을 너무 바쁘게만 살다 보니 성격이 많이 나빠졌다고 했다. 모든 일에 예민해지고, 삶에 여유가 없었다고 했다. 작년에 카미노를 걷고 나서 매력에 흠뻑 빠졌다고 한다. 그래서 모든 일을 그만두고, 이곳에서 걸으면서 자원봉사를 한다고 했다. 8개월 동안 순례자들을 위해 가방을 들어주기도 하고, 잃어버린 물건들을 갖다 주기도 하고 소소한 선행을 베풀고 있는데, 진정 행복하다고…. 여기에서는 웃을 일밖에 없다고…. 다 헤진 운동화를 보여주며 이 운동화로 1,000km를 걸었다면서 내 배낭이 무거워 보이니 배낭을 바꿔 메자고 한다. 사실 배낭이 무겁긴 무거웠다. 처음에는 거절하다가 이런 선행을 감사하게 받는 것도 훈련이란 생각이 들었다. 그래서 요리사 손과 배낭을 바꿔 메고 걸으면서 이런저런 이야기를 나누다 보니 오늘의 목적지인 로스 아르코스에 도착했다.

선행

누군가를 향한 마음으로
조그만 선행을 베풀 때

그 누군가는
광명을 만나기도 한다.

아주 작은 촛불과도 같았는데
서로에게 전해져
큰 빛이 난다.

그렇게
세상은 조금 더 풍요로워진다.

07 예상치 못한 상황에서의 대처법

Los Arcos – Torres del Rio : 8km
(로스 아르코스 - 토레스 델 리오 : 8km)

로스 아르코스에서 도착하자마자 요리사 손이 와인 한잔 마시고 알베르게로 가자고 했다. 로스 아르코스는 아주 작은 마을이었고, 광장 바에서 알베르게까지 3분이면 간다고 했다. 점심시간이 막 지난 직후였기에, 잠깐 멈춰 가기로 했다. 그런데 잠깐 멈춰 간다는 것이 대낮부터 와인 파티가 되어 버렸다. 둘이 있던 자리는 셋, 넷이 되어 있었고, 어느새 열 명이 넘는 사람들이 광장에 있는 테이블을 다 차지하고 있었다. 앞서 도착한 순례자들은 알베르게에서 짐을 풀고, 씻고, 동네 산책을 나왔다. 그동안 난 알베르게 구경도 못했고, 부모도 못 알아본다는 낮술에 얼큰히 취해버리고 말았다. 그리고 알베르게에 도착한 시간은 저녁 7시였다. 알베르게는 '갈 지(之)' 자로 걸으며 간신히 도착을 했고 두고두고 친구들에게 놀림을 받았다. 평소 잘 마시지도 못하는 와인을 그렇게 들이켰으니 온전할 리 없었다. 머리도 밤새

뱅글뱅글 도는 듯했다.

요리사 손은 자신의 음식 솜씨에 대해 자랑을 늘어놓았다. 자신은 이곳에서 8km 떨어져 있는 '토레스 델 리오'의 한 알베르게에서 자원봉사를 하고 있다고 했다. 작가 파울로 코엘료도 자신이 한 음식을 먹고 극찬했다고 한다. 그리고 한국 사람들에게 음식을 해주는 것이 좋다며 내일은 토레스 델 리오에서 하루 쉬어가자고 했다. 음식을 해주겠다고 잔뜩 기대를 하게 만들었다. 카미노에서 이런 기회가 온다며 우리는 그 초대에 흔쾌히 응했고 아침 8시 30분에 알베르게 앞에서 만나자고 하고 어제저녁에 헤어졌었다. 다들 만취 상태였지만 기억은 하고 있었다.

그리고 어제 약속을 했던 정우와 인용이와 함께 아침에 일어나서 상쾌한 기분으로 그를 기다렸다. 그런데 약속 시간이 10분, 20분이 지나도 요리사 손은 오지 않는다. 순례자들은 다 길을 떠났고 알베르게는 문이 닫혔다. 한 시간을 넘게 기다렸을까. 우린 더 이상 안 되겠다 하고 그냥 출발하자고 했다. 뭔가 허탈한 마음이 들었다. 그리고 배낭을 메는데 배낭이 평소보다 두 배는 더 무겁게 느껴졌다. '배낭에 물에 젖은 솜이 들었나?'

이 카미노에서도 사람들을 통해 각 나라의 국민 성향을 엿볼 수 있다. 그 중에서도 한국 사람들은 가장 일찍 일어나고, 빨리 걸어서, 일등으로 알베르게에 도착하기로 유명하다. 그 중에서도 제일 빠르다고 소문난 정우와 인용은 이미 저 멀리 가고 있었다. 평소 걷기 시작할 때와는 다른 찌뿌듯한 기분이 몰려왔다. 그런 감정으로 한 시간 정도를 걸었을까. 저 멀리서 사람들이 역주행을 하며 이쪽을 향해 걸어오고 있었다. 나는 무거운 배낭 때문에 땅만 보고 저벅저벅 걷고 있었다. 그런데 이들이 점점 가까워지는 것이 아닌가. 영화 〈나쁜 녀석들〉의 포스터 같았다. 바로 이들은 정우와 인용, 그리고 요리사 손이었다. 그렇게 성큼 앞으로 오더니 왔던 길로 다시 가야 한다고 한다. 지금 힘들게 걸어온 이 길을 다시 걸으라고? 카미노에서 제일 하기 힘든 일은 바로 왔던 길을 다시 가는 일일 거다. 하지만 오늘은 한 배를 타기로 약속한 일이니 울며 겨자 먹기로 다시 로스 아르코스로 향했다.

어제 정신없이 취해 있던 자리. 그 자리에 다시 오게 될 줄 누가 알았을까. 자리에 그냥 있었던 것도 아니고, 다시 되돌아와서 말이다. 이 길에서 앞으로만 갔지 뒤로 가리라고는 생각도 못했다. 하지만 직진만 해야 할 것 같은 이 길에서도 예외는 존재한다.

요리사 손은 늦잠을 잤다고 미안하다고 했다. 그리고는 아침으로 샌드위치를 만들어왔다. 그 정성에 우리는 다시 마음을 열고, 같은 자리에서 판을 벌이기 시작했다. 요리사 손은 여기서 스페인 친구를 만나기로 했다며 친구를 기다렸다가 같이 가야 한다고 했다. 아침부터 사람들은 샌드위치에 와인을 시켜 먹었다. 어제 마신 와인 이후로 난 와인도 쳐다보기도 싫었다. 난 커피를 마셨지만 사람들은 와인을 마시다 보니 흥에 겨워 시간 가는 줄 모르고 있었다. 여기서 마음이 초조한 건 나 혼자만인가? 마을에 도착하는 순례자들의 모습이 보일 때 비로소 점심시간이 훌쩍 넘었다는 것을 알 수 있었다.

아침부터 판을 벌인 우리는 주막의 주모처럼 사람들에게 "쉬었다가세요!"를 외쳐댔다. 그 말에 응한 사람들은 함께 앉아 있다가 요리사 손의 초대에 여기서 8km나 떨어져 있는 토레스 델 리오로 가겠다고 했다. 그 중에는 알베르게를 체크인하고 나왔는데 다시 체크아웃을 하고 우리와 함께 가겠다고 한 사람도 있었다. 그렇게 열 명이 넘는 사람들이 모였다. 시간이 흘러 4시가 되었을 때 우린 한 군단이 되어 그 다음 마을을 향해 걷기 시작했다. 태양이 가장 뜨거울 때, 그것도 아침부터 마신 와인의 취기와 함께 걷는다는 건 정말이지 쉽지 않은 일이었다.

  저녁이 되어서야 우리는 어렵사리 토레스 델 리오에 도착했다. 언덕에 위치한 아주 작은 마을이었다. 요리사 손이 일하고 있다는 곳에 열 명 정도 되는 사람들이 체크인을 하고, 맛있는 음식을 잔뜩 기대하고 있었다. 그런데 갑자기 손이 오늘은 요리를 할 수가 없다고 한다. 무슨 이유인지는 모르겠지만…. 그러더니 메누 델 디아를 먹어야 할 것 같다고 한다. 메누 델 디아는 우리말로 '오늘의 메뉴'가 된다. 알베르게나 바에 메누 델 디아나 순례자의 메뉴라고 해서 저녁에 10유로로 간단한 코스 식사를 할 수 있다. 첫번째, 두번째 음식이 코스로 나오고 와인이나 물을 시킬 수 있다. 어찌된 영문인지 모르고, 우리는 그냥 요리사 손이 하라는 대로 거의 20유로를 숙박비와 저녁 값으로 지불했다. 그런데 음식도 기대 이하였다. 한껏 부풀었던 풍선에 바람이 빠진 느낌이었다. 굳이 전 숙소를 포기하고 오신 선생님도 계셨는데…. 굳이 말하지 않아도 감정은 통하는 법이다. 한창 떠들며 화기애애하게 있어야 할 저녁 시간은 침묵의 시간을 방불케 했다. 침묵의 시간도 아니었는데 말이다.

인생을 살다 보면, 또 여행을 하다 보면 100% 만족스러운 날이 있는가 하면 이렇게 생각지도 않았던 일들이 일어날 때도 있다. 그럴 땐 그 감정에 빠져 있지 말고, 빨리 빠져 나와 기분전환을 하는 것이 중요할 거다. 이미 벌어진 상황이고 바꿀 수 없다는 것을 알면 말이다.

《2억 빚을 진 내게 우주님이 가르쳐준 운이 풀리는 말버릇》에서 저자 고이케 히로시는 말한다.

> 우주에 주문을 하면 우주는 반드시 드라마틱한 스토리를 생각하면서 확실하게 실현해간다. … 예로부터 전해져 내려오는 많은 속담 중에 '두 번 발생한 일은 세 번 발생할 수 있다'와 '세번째의 정직함'이라는 속담이 있다. 주문을 했는데 순조롭게 진행되지 않을 때 이 중에서 어떤 것을 받아들이는가에 따라 모든 것이 결정된다. '한 치 앞은 어둠'이라고 말하는 사람도 있지만, 본래 '한치 앞은 광명'이다. 아무리 어두운 바닥이라고 해도 다음 순간, 믿기 어려운 기적은 발생한다. 단, 그것을 진심으로 믿어야 한다는 전제 조건이 붙는다.

기분이 갑자기 나빠지긴 했으나 난 세번째의 정직함을 믿기로 했다. 얼마나 즐겁고 환상적인 일이 앞으로 일어날까…. 기대해 보기로 했다. 어쨌든 첫인상 좋았던 요리사 손과의 인연은 그렇게 마무리되었다.

잠깐 멈춤

잠깐 멈춤이 필요한 순간에는

과감히 멈출 것

그리고 쉼을 누릴 것

2부

혼자 길을 걷는 이유

08 여권을 잃어버리다

🌾 Torres del Rio – Logroño : 20.1km
(토레스 델 리오 – 로그로뇨 : 20.1km)

　　　　　　　　이곳에 오기 전부터 내 마음속엔 갈등이 수도 없이 일었다.
'내가 이 시점에 산티아고 길을 걷는 게 과연 올바른 것인가?'
'간다면 며칠을 가는 게 좋을까?'
'후회는 하지 않을까?' 등등….
엎친 데 덮친 격으로 생장에 오기 전 프랑스 남부에서 몸이 심하게 아팠다. 그렇게 며칠을 갈등하다가 가야겠다는 확신이 왔다. 그리고 바로 발걸음을 뗐다. 확신이 왔을 때 과감하게 선택하는 것은 좋은 일이다. 버퍼링되는 시간이 좀 걸리지만 말이다.

독일에서 만난 친구가 있었다. 연락처를 주고받았지만 다른 여행지에서 만난 여느 친구들처럼 시간이 지나고 살다 보면 소원해지겠지하고 생각했다. 그런데 끊임없이 연락하며 나에게 감동을 주었다. 내가 영국에 있었을 때 감기 몸살로 2주를 심하게 아팠던 적이 있었다. 한국에서 아팠을 때와는 또 다른 아픔이었다. 그때 약과 함께 몸에 좋은 것들을 박스 한가득해서 소포를 보내주었고, 언제나 엽서를 보내주었다. 그 마음 자체가 감동이었다. 미국에서 태어나고 자라서 한국에 온 적은 몇 번 없지만 한국어를 꽤 잘했다. 현재 독일 뮌헨에 거주하고 있는 그녀는 사람들에게 감동을 주는 특별한 재능을 가지고 있는 그레이스란 친구다.

프랑스에서 내가 좀 아프다고 하니, 보양식들을 좀 싸오겠다고 했다. 그러더니 부활절 기간에 자신도 맞춰 카미노에 합류하겠다고 한다. 그레이스를 보면서 유럽에 살면서 일하는 사람들이 참 부럽다는 생각이 들었었다. 무엇보다도 휴가가 참 많았다. 날짜는 조금씩 다르지만 거의 유럽 전역에 2주 정도 주어지는 부활절 기간에는 많은 유럽 사람들이 카미노에 몰린다고 했다. 오늘이 바로 그레이스가 뮌헨에서 바르셀로나로 오는 비행기 티켓을 끊었다고 했던 날이었다. 나를 만나기 위해 오는 사람을 기다리는 것 — 조금은 흥분되는 일이다. 미리 생장에서 그레이스의 크레덴시알(순례자 여권)과 조가비(순례자 상징)를 구매해 놓았었다. 가방에서 꺼내 놓으려고 했는데 아무리 찾아봐도 크레덴시알이 보이지 않는다. 기억을 더듬어 보니 아무래도 마드리드로 짐을 부칠 때 그 짐 속에 모조리 넣어서 보낸 것 같았다. 그레이스에게 크레덴시알은 내가 사 놓았다고, 중간에 합류해도 문제없다고 호언장담을 해놓았는데 순간 눈앞이 캄캄해졌다. 계획성은 좀 부족해도 책임감 하나는 똑 부러지는 나였기 때문이다. 이 길에서는 장소를 정해 놓고 어디서 만나자고 하는 것이 무의미했기에, 서로 각자 길을 걷다가 만나자고 했었다. 그리고 나의 전화기는 와이파이 가능한 데서만 연락이 되는 상태였다. 만나야 될 사람은 어떻게든 만나게 되는구나 생각하며 난 입가에 미소를 지었다.

숫자에 대해 개념이 없던 나였을지라도 일주일을 걸었더니 감이 생기기 시작했다. 내가 $1km$ 걷는 데 몇 십 분이 소요되는지, 하루에 몇 시간이 적당하고, 몇 킬로가 힘들지 않은가에 대해서…. 나도 이제 숫자와 친해지고 있는 것인가. 어느 정도 시간과 거리를 예측할 수 있게 되니, 하루 목표치를 정하고 걷는 것도 나쁘지 않았다. 원래는 마음 가는 대로 걷다가 쉬고 싶을 때, 몸이 힘들어질 때 숙소를 잡자고 나 자신한테 말했었는데 말이다.

어쩌면 이틀 동안 나의 짐의 무게를 덜어준 요리사 손을 의지했을지도 모르겠다. 앞으로도 도움을 주겠다고 호언장담을 한 요리사 손을 나도 모르게 믿었나 보다. 토레스 델 리오에서 혼자 나오면서 어떤 누구도 의지하지 않겠다고 결심했다. 때로는 나를 편하게 해주는 도움이 선물과도 같아 보이지만, 사람의 마음은 간사해서 한번 그 맛을 보면 그 편함이 계속 유지되기를 바라게 된다. 그렇게 틈타는 마음을 조심해야 한다. 결국 이 길은 내가 다 감수해야 하는 길이기 때문이다. 그리고 그 한번으로 인해 그동안 감사하다고 여겼던 마음들을 빼앗길 수가 있다. 그리고 감사하는 마음을 빼앗기는 것만큼 슬픈 일도 없다.

이런저런 생각을 하며 다시 혼자가 되어 비아나를 거쳐 로그로뇨까지 걸었다. 비아나에는 일요일인데도 불구하고 활기가 넘쳤다. 마을 길게 뻗어진 길에서 축제 같은 분위기에 장이 서는 듯 보였다. 그렇게 활기찬 마을을 지나 다시 숲과 나무로 이루어진 오솔길을 지나 로그로뇨라는 곳에 도착했다. 부활절 즈음 되어서 많은 축제들이 있는 것같이 느껴졌다. 멀리 보이는 성당에서는 무슨 중요한 행사가 있는 것처럼 보였다.

마을에 도착해서 내가 제일 먼저 하는 일은 인포메이션 센터에 가서 마을에 대한 지도와 정보를 얻는 것이었다. 하루에 20km 걷는 것이 나에게 딱 적당했다. 그 거리를 걷고 점심 무렵에 로그로뇨에 도착했다. 마을 입구에 있는 인포메이션 센터에 들어갈까 말까 하는 갈등이 일었다. 빨리 알베르게에 가서 쉬고 싶은 마음도 들었기 때문이다. 그러다 들어갔더니 젊고 잘생긴 청년이 반갑게 맞아주었다. 이름은 알폰소라고 했다. 일단은 지도를 얻고 공립 알베르게가 어디 있는지 타진한 다음 크레덴시알을 살 수 있는지 물어보았다. 친구를 위한 크레덴시알이라고…. 큰 도시에서는 크레덴시알을 구입할 수 있다. 청년은 새 크레덴시알을 살 수도 있고, 내 크레덴시알을 주면 마을 도장을 찍어 주겠다고 했다. 난 배낭 저 깊이 있는 크레덴시알을 어렵게 꺼내 탁자에 올려놓았다. 그리고 친구를 위한 크레덴시알을 구입했다. 그리고 나서 배낭에 내 것을 다시 집어넣으려고 하는데 내 크레덴시알이 그새 안 보였다. 대체 무슨 일이 있었던 거지? 크레덴시알은 순례자에게 여권과도 같아서 없으면 안 되는 것인데 왜 안 보이는 것일까? 이것이 없으면 공립 알베르게에 갈 수가 없다. 갑자기 머리가 어질어질했다. 해외여행 가서 갑자기 여권을 잃어버린 기분이라 할까…

일단 알폰소는 공립 알베르게를 알려주면서 거기 가 있으라고 했다. 2시에 일이 끝나니 그때 와서 해결해 주겠다며…. 알베르게에 도착을 했지만 난 아무것도 할 수 없었다. 난 이상하게 일찍 도착했다고 좋아하는 날에는 이렇게 어김없이 사건, 사고가 끊이지 않는다. 이번에도 일찍 도착했다고 여유 있게 쉴 수 있다고 생각했었다. 그런데 로그로뇨 초입의 인포메이션 센터에 갈까 말까 하는 갈등과 나의 잠깐의 선택으로 인해서 이런 일이 생기고 말았다.

알베르게에 와서 호스피탈레로에게 아무리 설명해도 의사 전달이 전혀 되지 않았다. 옆에 있던 독일인 친구가 스페인어를 할 줄 알아서 내 상황에 대해 스페인어로 통역해 주었다. 그렇게 짐을 풀지도 못하고 멍하게 한 시간을 앉아 기다렸더니 알폰소가 왔다. 이리도 반가울 수가…! 알폰소는 자전거를 가져와서 자신이 이 도시에 있는 알베르게를 돌아다니면서 나의 크레덴시알이 있는지 알아봐 주겠다고 했다. 내가 인포메이션 센터에 있을 때, 여덟 명 정도 되는 자전거족들이 인포메이션 센터에 들어 왔었다. 한꺼번에 크레덴시알을 꺼내더니 도장을 받아갔는데, 아무래도 그들이 선반 위에 놓여 있던 내 크레덴시알을 착각하고 가져간 것 같다고 했다. 자전거족들이 오늘 로그로뇨에 머문다고 했으니, 알베르게를 다 수소문해 보겠다는 것이었다.

알폰소가 나의 크레덴시알을 찾고 있는 사이 나는 일단 짐을 풀고 마음 정리에 들어갔다. 그때는 당황했고 무엇보다 생장에서 시작한 나의 순례길의 징표가 없어지는 것 같아 속상했었다. 마음을 가다듬고 생각하니 그 징표야 아무것도 아니라는 생각이 들었다. 크레덴시알의 흔적도 중요하지만 징표는 내 마음속에 두는 것도 좋으니 말이다. 그리고 아쉽긴 하지만 크레덴시알은 큰 도시에서 구입할 수 있다. 그렇게 생각하니 마음이 조금 편해졌다. 몇 시간 후에 알폰소가 돌아왔다. 마을 구석구석에 있는 알베르게에 가서 찾아봤는데 못 찾았다고 했다. 나는 고맙다며 괜찮다고 말했다. 그런데 또 알베르게에 있던 두 호스피탈레로는 로그로뇨에 있는 모든 알베르게에 또 전화를 걸어서 크레덴시알 행방을 물었다. 이렇게까지 안 해도 되는데… 당황스러웠던 마음이 미안함으로 변하는 순간이었다. 그리고 잃어버린 크레덴시알 때문에 속상하기보다 그것을 찾아주기 위해 물심양면으로 애써주는 그들에게 감사하는 마음이 더 크게 내 안에 자리잡았다. 크레덴시알을 찾지 못해도, 이런 특별한 경험을 한 것만으로 족하다고 생각했다.

    갈등으로 인해 어떤 선택을 했을 때 만족스럽지 않은 결과가 나올지라도, 그때 그렇게 하지 말았어야 하는데 하는 생각이 들지라도 그건 잘한 선택이다. 비록 그 선택으로 인해 순간 위기에 처했다는 생각이 들지라도, 그로 인해 내가 생각 못 했던 그 이상의 경험을 할 수 있으니…

확신

마음속에 갈등이 생긴다는 건
한 곳으로 치우침이 없다는 뜻 ―

어떤 선택을 하기 위해
애쓰지 않아도 된다.

평평하던 마음의 무게가
어느 한 쪽으로 자연스럽게 치우칠 때

그렇게 확신이 들 때
행동해도 늦지 않다.

09 마음의 소리에 귀를 기울이기

 Logroño – Nájera : 29.4km
(로그로뇨 – 나헤라 : 29.4km)

　　　　　　　　로그로뇨는 지금까지 다녀간 도시 중에 팜플로나 다음으로 큰 도시로 느껴졌다. 앞으로 더 많은 대도시를 만나겠지만 아직까지는 그렇다. 그런데 그 도시를 느낄 겨를도 없었다. 나에게 로그로뇨는 그저 크레덴시알을 잃어버린 장소에 지나지 않았다. 아침에 일어나자마자 호스피탈레로에게 인사를 하려고 갔더니 내 크레덴시알을 못 찾았다고 굉장히 미안해한다. 난 걱정하지 말라고 괜찮다고 했다. 그러면서 성심성의껏 찾아봐줘서 고맙고 난 이미 감동을 받았다고 했다. 이 말들을 스페인어로 했냐고? 손짓, 발짓 다 써가며 바디랭귀지로 이 모든 것을 표현하고 인사를 하고 나왔다. 나의 부주의로 잃어버린 것인데 이렇게 많은 사람들이 합심해서 관심을 가져주는 것이 고마울 따름이었다.

　　친구의 크레덴시알을 사 놓았기 때문에 '여차하면 이거 쓰고 다시 시작하면 되지'라는 생각이 불현듯 들었다. 그래, 지금부터 다시 시작한다는 마음으로 하면 새로운 마음도 들고 좋지 뭐! 그 날부터였을까. 이상하게 친구가 연락이 되지 않았다. 난 결국 카미노에서 그레이스를 만날 수 없었다. 나중에 들었는데 바르셀로나에 도착해서 핸드폰을 잃어버렸단다. 연락을 하려고 애썼지만 할 수가 없었다고 했다. 나 또한 무슨 일이 생겼나 걱정은 했었다. 하지만 애초부터 모든 걸 순리에 맡기자 생각을 했으니…

로그로뇨에서 다음 마을인 나바레테까지는 조금 분주한 도로였다. 나바레테는 유서 깊은 카미노 마을답게 멋지게 새겨진 문장(가문을 나타내는 글자와 문양)을 옛 모습 그대로 간직한 집들을 여럿 볼 수 있었다. 나바레테를 가고 있을 때 길 저편에서 익숙한 모습이 보이는 듯했다. 팜플로나에서 만났던 캐나다에서 온 짐이었다. 카미노에서는 한번 만났던 사람들을 다시 만날 확률이 꽤 높다. 걷는 속도는 다를지언정, 하루의 목표점은 비슷비슷하기 때문이다. 그리고 가는 길이 한 방향이기 때문이다. 그렇다고 그 많은 사람들과 다 이야기를 나누는 것은 아니다. 처음에는 인사로 시작을 하고 그 다음에 대화를 하면서, 누군가와는 그렇게 조금은 특별한 친구가 되어가는 것 같다.

"짐, 생각보다 빨리 걷네. 등은 괜찮아?"

"중간에 힘들어서 하루는 버스를 탔어. 5유로밖에 안 해. 그래서 빨리 올 수 있었어."

"아, 그랬구나. 난 7유로 내고 짐을 부치고 걸었는데…."

몸이 안 좋을 때는 지혜롭게 버스를 이용하는 것도 좋다. 하지만 한

번 버스 맛을 알면 계속 그러고 싶을 거 같아서 짐을 부치는 한이 있더라도 내 발로 걷고, 모든 자연 풍경들을 마음속에 담아두자고 생각했다. 아무래도 차로 이동하다 보면 세밀한 것들을 놓칠 것만 같았다. 하지만 정말 아플 때는 미련하게 걷지 말아야 할 것이다. 무엇보다 내 몸이 가장 소중하기 때문이다. 짐과 함께 음악부터 문학까지 다양한 이야기를 주고받다 보니 길고 긴 뙤약볕 길이 지루하지 않았다. 그렇게 우린 눈 깜짝 할 사이 20km를 걸었고 벤토사라는 조그만 마을에 도착했다.

순례길을 걸을 때는 새벽 6시 정도에 걷기 시작해서, 낮 1~2시 정도에 알베르게에 도착하는 것을 추천한다. 2시부터 시에스타가 있는 건 그만큼 스페인의 태양이 강렬하기 때문이다. 그런데 난 항상 알베르게가 문 닫는 시간인 아침 8시에 나와 5~6시에 도착하곤 했다. 3~4시에 내리쬐는 태양도 난 무섭지 않았다. 조금 힘들긴 했지만 그 힘듦을 또한 즐겼기 때문이다. 남들은 어떻게든 힘든 걸 조금이라도 줄여보려고 하는데 난 왜 힘든 걸 자청하는지 모르겠다. 짐은 벤토사에서 머물 거라고 했다. 짐이 내일도 같이 걷자고 했는데 벤토사에 도착한 시간이 2시였다. 그런데 카페에 앉아서 또띠아와 와인을 먹으면서 생각이 달라졌다. 참 나도 즉흥적인 사람이라는 생각이 들었다. 한 번 더 가 보자! 벤토사에서 그 다음 마을인 나헤라까지는 9km 정도였다. 내 걸음으로 간다면 세 시간을 더 가야 한다는 것이다. 그런데 마음이 자꾸 가라고 소리치고 있었다. 그래서 다시 힘을 내서 걷기 시작했다. 와인의 취기로….

그런데 조금 걷다 보니 갑자기 돌아가고 싶어졌다. 3시의 내리쬐는 스페인의 태양은 너무 뜨거웠다. 여기서 태양을 피할 수 있는 방법은? 절대 없다. 그 흔한 나무 그늘 하나 없었다. 그리고 내가 걷고 있는 길 위에는 그 어떤 순례자도 보이지 않았다. 하지만 돌아갈 순 없다. 중간에 길까지 잘못 들어서 왔던 길을 다시 가면서 홀로 뜨거운 태양과 맞서며 길을 걸었다. 너무 지쳐서 더 이상은 못 걷겠다 하는 심정이었을 때 나헤라에 도착했다. 역시 나한테 하루에 30km 걷는 것은 무리였다.

11~12세기 나바르 왕국의 수도였던 나헤라는 유서 깊은 마을답게 마치 영화 속 장면처럼 마을 전체가 강과 암벽으로 둘러싸여 있는 것이 인상적이었다. 알베르게에 도착한 시간은 오후 6시 30분. 지칠 때로 지친 몸을 끌고 알베르게로 들어갔다. 고맙게도 한국 분들이 환영해 주며 미리 준비해 놓은 볶음밥을 같이 먹고, 맥주 한잔 하자며 나가자고 했다. 너무 힘들었지만 거절할 수 없어 나가려고 할 때 낯이 익은 한 청년이 알베르게에 들어오더니 나를 찾았다.

그는 다름 아닌 로그로뇨의 인포메이션 직원 알폰소였다. 알폰소는 자전거를 타고 와서 나의 크레덴시알을 찾았다는 기쁜 소식을 전해 주었다. 그런데 그 크레덴시알이 팜플로나에 있단다. 내일 모레 내가 도착하는 마을의 알베르게로 크레덴시알을 우편으로 보내주겠다고 한다. 그 말을 전하기 위해 나헤라까지 온 것이었다. 같이 있던 한국 분들이 일제히 박수를 치며 이건 "카미노이기에 가능한 일"이라고 했다. 그 종이 한 장이 뭐라고 참 많은 에피소드를 선사해 준다. 나를 이곳 나헤라까지 오게 한 이유가 있었구나. 그리고 같이 있는 사람들과 함께 나눌 수 있어 그 감동은 배가되었다.
　갑자기 몸에 전율이 일었다.

감동

감동은 마음의 쾌락!
쾌락이라는 단어를 좋아하진 않지만
즐겁고 기쁨이 가득한 마음에 대한 넘치는 표현일 거다.

세상을 살아갈 때 누군가에게 감동을 줄 수 있고
또한 누군가로 인해 감동을 받을 수 있다는 건 커다란 축복이다.

그리고 그 축복은
내면에 잠자고 있는 분노와 한을 녹여버리는 힘이 있다.
그 기쁨을 알고 주고받을 때 누구나 착해지는 것을 경험한다.

10 카미노에서 만난 기적

🚶 Nájera – Santo Domingo de la Calzada : 21km
(나헤라 – 산토 도밍고 데 라 칼사다 : 21km)

　　　　　　　　물론 걷는 것 자체가 좋다는 이유로 산티아고를 걷는 사람들이 있다. 하지만 대부분의 사람들은 정신을 새롭게 하기 위해 이곳을 찾는다. 그 정신은 한번에 새로워지는 것이 아님을 안다. 이 길에서 여러 가지 경험을 겪으면서 점점 새롭게, 그리고 단단해져 가고 있는 것이다. 어제 무리해서 걸은 나의 길은 육체적으로는 나에게 고통이었지만 나의 정신까지는 따라잡지 못했다. 소소한 감동으로 인해서 육체의 피로까지 잊게 된 것이다. 이 정도면 정신이 육체를 지배할 수 있다는 말에 격하게 공감할 수 있을까.

　나헤라의 숙소는 강당처럼 보이는 큰 방 한 곳에 이층침대가 빼곡히 들어가 있었다. 침대는 더블침대를 방불케 하듯 서로 다닥다닥 붙어 있었다. 자다가 고개를 반대쪽으로 돌리면 민망한 상황이 발생할 수도 있을 정도였다. 그리고 도네이션으로 운영되는 공립 알베르게였다. 어떤 친구는 나헤라의 숙소가 최악이라고 말하지만 나는 그렇게 생각지 않는다. 마음이 감동으로 충만해서였을까…! 어떤 환경이든 자신이 보고자 하는 것에 따라 마음이 달라지는 법이다. 티끌만 찾는 사람이라면 단점만 보일 테고, 이런 환경에서도 감사할 거리를 찾는다면 계속 그렇게 감사할 일들이 일어난다. 신기하지만 당연한 세상의 이치다.

난 그렇게 감사로 아침을 시작했다. 감사도 행복도 습관이다. 그 습관에 따라 내 삶이 긍정적으로 변한다. 아침에 일어나서 스트레칭으로 간단히 몸을 풀고 아름다운 나헤라 마을에 작별을 고했다. 오늘의 목적지는 산토 도밍고인데 나헤라에서 산토 도밍고까지 가는 길은 대부분 넓고 쾌적한 시골길이다. 소나무 숲 사이로 널찍하게 난 붉은 흙길을 따라 가파른 경사를 오르내리고 조금 후에 아스팔트 길과 만나 작고 조용한 아소프라 마을에 도착했다. 그리고 오늘의 목적지인 산토 도밍고 데 라 칼사다에 도착했는데 오랜만에 시에스타 시간에 도착해서인지 마을 자체가 무척 조용하게 느껴졌다.

산토 도밍고는 성(聖) 도미닉을 말한다. 순례자들이 다니는 길과 다리를 만든 장본인이 성 도미닉이기 때문에 이 마을은 순례자들에게 각별한 의미가 있다. 산토 도밍고 대성당 안에는 성 도미닉의 무덤과 예배당, 제단 장식 등이 있다. 이런 것들은 여느 성당과 다를 바가 없는 구조이다. 그런데 한 가지 특이한 점을 발견했다! 성당 뒤쪽에 닭장이 있는데, 그 안에 살아 있는 닭 두 마리가 있는 것이다.

수백 년 동안 유명세를 탄 '수탉과 암탉의 기적'은 12세기로 거슬러 올라간다. 산티아고 카미노 길을 따라 펼쳐지는 전설 중에서도 무척 사랑받는 이야기다. 한 청년이 부모를 모시고 순례에 나섰다가 이곳의 여관에 묵었다. 여관 주인의 아름다운 딸이 잘생긴 청년에게 눈길을 주었지만, 독실한 젊은이는 그녀가 다가오는 것을 거부했다. 그의 거절에 화가 난 여관집 딸은 성당에 있는 금으로 된 술잔을 청년의 가방에 숨기고 그가 술잔을 훔쳤다고 고했다. 결백한 청년은 체포되었고 교수형에 처해졌다. 몇몇 이야기는 부모가 아들의 운명을 잊고 계속해서 길을 걸은 것으로 전해진다. 그리고 그들은 산티아고에서 돌아오는 길에 아들이 여전히 교수대에 매달려 있는 것을 발견하게 된다. 그런데 이게 웬일인가! 아들이 멀쩡하게 살아 있는 게 아닌가! 놀란 부모는 재판관 집으로 달려갔는데, 재판관은 마침 저녁을 먹으려던 참이었다. 재판관은 부부의 말을 듣고 "당신의 아들이 살아 있다면 내 식탁 위의 닭 두 마리도 살아 있는 게로군!"이라며 비웃었다. 그 순간 기적이 일어났다. 식탁 위에 있던 구운 닭 두 마리가 날개를 퍼덕이며 살아 움직이며 큰 소리로 울었다. 기적은 재판관에게 효력이 있었고, 그 가엾은 청년은 누명을 벗고 무사히 순례를 마쳤다는 이야기다.

그렇게 닭의 전설에 취해 있다가 숙소로 돌아갔다. 그런데… 이게 웬일인가! 내 눈에 알폰소가 보이는 것이었다. 살아 있는 닭처럼 잘못 본 것인가 싶어서 눈을 비비고 다시 보았다. 그런데 진짜 알폰소가 맞았다. 여기까지 어인 일로? 로그로뇨 인포메이션 센터에 있어야 할 그가 여기까지 무슨 일로? 어제 우편으로 크레덴시알을 보내준다고 했는데…? 알폰소는 나를 보더니 활짝 웃는다. 그리고 손에 든 하얀 종이를 흔든다. 그제서야 나는 이 모든 상황을 이해할 수 있게 되었다.

알폰소는 우편으로 보내줘도 되는 나의 크레덴시알을 로그로뇨에서 받자마자 50㎞ 정도 되는 거리를 자신의 차를 운전해 온 것이었다. 자신은 이 크레덴시알을 찾을 수 있을 거라는 확신을 한시도 잃지 않았다며…. 그리고 사람들에게 물어 물어 '대한민국에서 온 크레덴시알을 잃어버린 여자'를 찾았다는 것이다. 바로 이 여자, 나를…!

이쯤 되면 나에게도 '수탉과 암탉의 기적'에 버금가는 '카미노 크레덴시알의 기적'이 일어났다고 말할 수 있지 않을까.

몸과 마음

몸과 마음은
언제나 함께야

그러니

몸이 아플 땐
마음을 다독여 주자

마음이 아플 땐
몸을 움직여 보자

어느새
괜찮아져 있을 거야

11 지혜로운 사람이 된다는 것

🌱 Santo Domingo de la Calzada – Belorado : 23.9km
(산토 도밍고 데 라 칼사다 – 벨로라도 : 23.9km)

　　　　　　　　흔히 사람들은 인간을 좌뇌형 인간과 우뇌형 인간으로 분류한다. 좌뇌형 인간은 수학이나 과학을 잘하고 논리력과 분석력 등의 이성적인 사고가 발달한 사람들을 지칭한다. 그에 반해 우뇌형 인간은 시각적 이미지 등의 패턴이나 예술에 강한 감각과 직관력이 발달한 사람들을 말한다. 둘이 적절하게 조화가 되면 더할 나위 없이 좋겠지만, 분명 어떤 사람이건 어느 한 쪽으로 치우치기 마련이다.
　난 감성적인 사고가 좀 더 발달한 우뇌형 인간이다. 어떤 것을 선택할 때 나는 자로 잰 듯한 이성적인 선택을 하는 경우가 무척 드물다. 나의 선택이 어느 정도 위험이 수반되는 모험일지라도 나는 감성에 따라 움직인다. 그리고 결정적으로 눈물이 많다. 사람을 만나서 대화를 할 때, 어떤 사실적인 정보를 주고받고 알아가는 것에 재미를 느끼기보다는 서로의 이야기와 생각에 공감하며 대화하는 것을 즐긴다. 그래서 내가 어떤 정보 없이도 편안한 마음으로 카미노를 걸을 수 있는 것 같다. 하지만 나 또한 이성적으로 사고하는 사람들을 존경하고 부러워할 때가 있다. 내가 없는 부분을 가지고 있기 때문에…. 이렇게 자신의 성향을 바로 알고 다른 사람들의 성향을 인정해 주면 충돌할 일이 없다. 아니, 충돌할 일이 터져도 그것을 잘 넘길 수 있는 지혜가 생긴다.

카미노를 걸을 때 어떤 알베르게가 좋은지, 어떤 식당이 맛있는지, 어떤 길로 가야 빨리 가는지에 대한 정보가 궁금하지 않았다. 바로 이 길을 걷는 사람들의 이야기가 궁금했다. 다들 어떤 계기로 이 길을 알게 되었으며, 이 길을 걸을 결심을 언제 했고, 어떻게 이렇게 행동으로 옮기게 되었는지에 대해서 말이다. 사연 없는 사람은 단 한 명도 없기 때문이다. 그리고 각각의 사연은 듣는 사람의 마음을 움직인다.

사람들과 이야기를 하다 보면 그 사람의 사고를 알게 되고, 성향이 보인다. 그렇게 그 사람에 대해 이해를 하게 된다. 사람에 대해 이해를 하고 용납할 수 있다는 것은 큰 축복이다. 지혜를 타고난 산티아고(성 야고보)처럼 나에게도 그런 지혜가 마구 생겨났으면 하는 바람이다.

이런저런 생각을 하며 걷다가 성벽으로 둘러싸인 그라뇽이라는 마을에 도착했다. 많은 사람들이 내가 전날 묵었던 산토 도밍고에서 머무르지 않고 이곳 그라뇽에서 하루를 묵는다. 그라뇽은 무엇보다 700년 역사를 간직한 수도원에서 운영하는 알베르게가 유명하다. 수도원에서 예배를 드리고 저녁식사를 무료로 제공받는데, 예배 이외의 모든 것들이 자원 봉사로 이루어진다고 한다. 그라뇽에서 묵었던 많은 순례자들은 하나같이 말한다. 가장 좋았고 의미 있었던 시간은 저녁 식사 후에 촛불을 켜놓고 세계 각국에서 모인 순례자들과 함께한 시간이었다고. 이 시간엔 자신의 나라의 언어로 카미노에 오게 된 이유에 대해 말하는데, 언어가 달라 알아들을 순 없어도 이 시간이 제일 기억에 남는다고….

그라뇽에서 잠깐 쉬어가기로 했다. 카페에 앉아서 콜롬비아에서 온 친구 라파엘과 커피를 마시며 이야기를 하다가 한 시간 이상의 시간을 보냈다. 나중에 생각이 난 사실인데 라파엘은 생장에서 내가 크레덴시알을 살 때 옆에 있었을 뿐만 아니라 같은 알베르게에 묵기도 했다. 생장에서 크레덴시알을 발급해 주었던 사람들은 영어를 잘 구사하지 못한다. 스페인어 아니면 프랑스어를 구사한다. 내가 친구 크레덴시알을 하나 더 구입한다고 했을 때, 그분들이 영어를 이해 못해서 옆에 있던 청년이 열심히 통역을 해줬었는데 그 친구가 바로 라파엘이었던 것이다. 그 사실을 인지하지 못하다가 불현듯 이 시간에 떠올리게 되었다. 라파엘은 콜롬비아 출신이지만, 대학을 졸업하고 프랑스에서 10여 년 살아서 스페인어, 프랑스어, 영어가 다 가능한 친구였다. 다른 나라의 언어를 할 수 있다는 것… 나뿐만 아니라 주위 사람들의 삶의 반경을 넓혀 주는 일이다!

이렇게 시작부터 중간중간 계속 만나가며 길을 걸으며, 우리는 친구가 되어 가고 있었다. 라파엘은 나만큼이나 걸음이 느린 친구였다. 하지만 나의 배낭의 무게와는 다르게 라파엘의 배낭은 가벼웠다. 그럼에도 불구하고 라파엘이 항상 느리다고 생각을 했던 건 길을 걷다가 넓은 들판이 보이면 돗자리를 깔고 그 위에 누워 낮잠을 자는 등, 중간중간 여유를 흠뻑 느끼며 걸었기 때문이었다. 자신만의 시간을 잘 즐기고 있는 사람 중의 하나였다. 또한 길 위에서는 나의 스페인어 선생님이기도 했다.

한 시간의 대화를 하고 우리는 다시 걷기로 했다. 같이 또 따로 마을에서 나와 인사를 하고 각자 페이스대로 길을 걸었다. 밀밭이 끝없이 펼쳐진 시골길을 지나, 드디어 라 리오하 지방을 벗어나 카스티야 지방에 들어섰다. 이 지방이 스페인 최대의 자치구라고 한다. 끝없이 펼쳐지는 것 같은 지평선의 풍경 속에는 마치 현대의 바쁜 삶과는 단절된 듯 아름다운 마을들이 점점이 박혀 있었는데, 벨로라도 마을 초입에서 저만치 앞에서 손을 꼭 붙잡고 걸어가는 노부부를 보게 되었다. 그 순간 나의 시선은 그들의 뒷모습에 꽂혀 한참을 응시하지 않을 수 없었다. 두 분 사이에 많은 사연이 있었겠지만 무엇보다 몇 십 년 동안 저 손을 꼭 붙잡고 이곳까지 왔을 거란 생각에 깊이를 알 수 없는 감동이 밀려 왔다.

때론, 한 컷의 이미지가 모든 것을 말해 준다.

지혜

지식과 지혜 중에 하나를 선택하라면
지혜를 구할 것이다

단순히 아는 것만으로
해결되지 않는 일이 많음을 알기에

선택과 위기의 순간에서
절대적인 힘을 발휘하는 건
지식이 아닌 지혜이기에

12 주체적으로 선택하기

🌱 Belorado – Agés : 27.7km
(벨로라도 – 아헤스 : 27.7km)

벨로라도에 도착했을 때, 또 다시 나를 찾는 호스피탈레로를 만나게 되었다.

"혹시 여기 크레덴시알을 잃어버린 한국 여성이 있다는데, 알아요?"

"아, 제가 바로 그 여잔데요! 찾았어요. 어제 알폰소가 직접 크레덴시알을 갖다 주었어요."

"아, 잘됐네요. 크레덴시알을 우편으로 부친다는 연락은 받았는데, 우편이 오지 않아서요."

"정말 감사합니다. 이렇게 신경 써주셔서…."

벨로라도 호스텔에 우편물을 보낼 거라고만 했지 크레덴시알을 직접 갖다 주었다는 말을 알폰소가 전하지는 않았나 보다. 대한민국에서 온 크레덴시알을 잃어버린 여자! 이제 그 길을 걸었거나 나를 만났던 사람들은 그 이야기를 다 안다. 그렇게 요란함을 떨지도 않았는데 말이다. 나는 그렇게 카미노에서 생각지도 않은 유명세를 타며, 사람들의 걱정과 관심을 한몸에 받고 있었다.

벨로라도에서는 어제 보았던 노부부의 잔상이 오래도록 남았다. 왜 그런지 모르겠지만…. 그리고 한국 분들을 만나서 식사를 했다. 꽤 아기자기하면서 조용했던 마을 벨로라도에 대한 기억이다. 언제부턴지 이 길을 걷고 있는 꼬마 아이가 눈에 보였다. 초등학생 정도로 되어 보이는데 언제부터 순례길을 걷고 있는 것이었다. 부모님과 함께 온 것 같았는데 이 친구는 다른 스페인에서 온 형, 누나 들과 함께 길을 걸으며 나의 크레덴시알도 적극적으로 찾아주었다. 그때부터 대화를 하기 시작했는데 그 친구가 오늘 벨로라도에서 순례길을 마치고 자신의 집인 바르셀로나로 간다고 했다. 귀엽고 싹싹하던 친구였는데 집으로 돌아간다고 하니 좀 서운했다. 그 나이에 이런 경험을 할 수 있는 그 친구는 아주 좋은 추억을 쌓고 갈 거라 생각을 한다. 내가 생각하는 것만큼 그 친구가 느낄지는 모르겠지만 말이다.

아침에 일어나서 준비를 하고 알베르게를 나서려 하는데, 계단 한쪽으로 배낭들이 수북이 쌓여 있었다. 이게 어찌된 일인가 싶어 호스피탈로에게 물어봤더니, 다음 숙소로 부치는 배낭들이란다. 그렇지 않아도 어제 저녁식사를 하면서 순례자들과 얘기를 하다가 벨로라도에서 아헤스까지 가는 길이 난코스란 얘기를 들었다. 가파른 오르막길과 내리막길이 많다고. 이런 정보들은 괜히 겁을 먹게 만든다. 갑자기 나에게도 참을 수 없는 유혹이 밀려왔다. 나는 나와 타협을 하기 시작했다. '몸 상하느니, 돈 내더라도 이렇게 하루쯤 가벼운 몸으로 걷는 것도 괜찮을 거야. 그래, 나에게 주는 마지막 선물이라 생각하자.'

귀가 얇은 나는 바로 27㎞ 뒤인 아헤스란 마을까지 배낭을 부쳤다. 옆에 있던 바르셀로나에서 온 여자 둘도, 배낭을 부칠 건데 좋은 알베르게까지 알려주며 자신들도 그쪽으로 부칠 거라고 하셨다. 내가 봤을 때는 그들의 배낭은 작고, 무거워 보이지도 않았다. 그래서 좀 의아했는데 나중에 걸으면서 그 두 사람의 무릎이 안 좋다는 사실을 알게 되었다. 이래서 참 뭐든지 섣불리 판단하면 안 되는 건가 보다.

이전에는 배낭 없이 걷는 게 좋았는데, 이제는 뭔가 허전한 마음이 들었다. 점점 배낭과 내가 하나가 되고 있단 증거인가 보다. 벨로라도에서 아헤스까지 가는 길에서는 다양한 지형을 만나게 된다. 산책로 같은 흙길이 대부분이었는데, 가파른 오르막길이 있다는 정보를 듣고 마음의 준비를 단단히 해서 그런지, 비탈진 길이 그다지 부담스럽지 않게 다가왔다. '이게 가파른 길의 끝이야?' 배낭을 보낸 게 조금은 후회되기 시작했다. 미리 준비 없이 만났다면 굉장히 가파른 오르막 산길이라며 말했을지도 모르는데, 완전 무장하고 만난 오르막길은 오히려 실망감을 안겨다 주었다. 참나무들이 빽빽이 자라고 있는 이 길은 멋있었다. 그리고 외진 순례자 마을인 산 후안 데 오르테가에 도달하기 전까지 보기만 해도 상쾌한 소나무숲길이 이어졌다. 길을 걷기만 해도 자연치유가 될 거 같은 이곳에서 갑자기 다리가 심하게 저려 왔다. 무거운 배낭을 메고 다니다가 없어져서 발걸음이 너무 가벼워져서 그런가? 앞서가던 스웨덴에서 온 아저씨 두 분이 준 약을 먹고 그

길 끝에 있는 오르테가라는 마을에 겨우 도달할 수 있었다.

많은 순례자들이 오르테가에서 묵는 것 같았다. 생장에서부터 함께 했던 이탈리아에서 온 요리사 클라우디오를 만났다. 클라우디오는 맥주 한 병을 손에 들고, 티셔츠를 벗고 근육질의 몸매를 자랑하며 햇빛 아래서 태닝을 즐기고 있었다. 그 모습을 보고 섹시한 남성미를 한번 느껴볼 법도 한데, 어찌된 일인지 그런 느낌이 나한테는 전혀 오지 않았다. 날 보고 인사하던 클라우디오는 말한다.

"배낭은 어디에 있어?"

"오늘 아침에 다음 마을 아헤스까지 부쳐버렸어. 그것만 아니었으면 나도 오늘 여기서 멈췄을 텐데…. 안타깝게도 더 걸어야 하네."

갑자기 키득키득하며 클라우디오는 말한다. 클라우디오는 내가 전에도 두 번이나 배낭을 부쳤다는 사실을 알고 있었다.

"아예 산티아고 데 콤포스텔라로 배낭을 부쳐 버리지 그래? 아니면, 앞으로 짐을 나에게 줘! 내가 앞뒤로 매고 5유로에 다음 마을까지 배달해 줄게."

"아, 그거 좋은 아이디어다!"

배낭을 부쳐 버리면 쉬고 싶은 곳에서 쉬지 못하는 이런 단점도 있구나! 나는 다시 힘을 내서 4킬로미터 되는 거리를 걸어야 했다. 나를 비웃는 요리사 클라우디오의 저녁식사를 맛볼 수 없어 아쉽다며 작별 인사를 했다. 그리고 다시 뜨거운 태양 하늘 아래를 걷기 시작했다. 언덕 위에서 내려다보이는 아기자기한 아헤스! 너무 예뻤다. 기대치 않았던 것에서 오는 감격은 더 크게 다가온다. 오늘은 이렇게 혼자만의 시간을 즐기기로 한다.

12 주체적으로 선택하기

십자가

인생을 살면서
'자신만의 십자가를 지고 산다'는 말을 많이 한다

그러면서 덧붙인다

십자가는 고난의 상징이라고.

하지만 십자가는
부활의 상징이 될 수도 있다

결국 십자가도 받아들이기 나름.

당신의 삶에 있어
십자가의 의미는?

13 스치는 인연에 의미를 부여하지 말자

🌾 Agés – Burgos : 22km
(아헤스 – 부르고스 : 22km)

난 개인적인 성향이 강한 편이라 무리 지어 다니는 것을 좋아하지 않는다. 많은 사람과 같이 있으면 나는 사람들 하나하나를 다 보게 된다. 사람의 성향 중에서 숲과 나무가 있으면 숲을 보고 가는 사람이 있고, 나무를 보고 가는 사람이 있는데 난 숲을 봐야 하는 사람이다. 일을 할 때도 마찬가지로 전체가 눈에 들어와야 그 다음에 세부적인 일을 진행할 수 있다. 어떤 사람들은 일을 추진하는 데 있어서 전체와 상관없이 일단은 시작하면서 해 나가는 사람이 있다. 나무를 보는 성향이라고 할 수 있다. 전체를 보는 것, 큰 그림을 봐서 좋다고 생각했는데 간혹 사람들이 많이 있는 곳에 있으면 전체를 보기 때문에 피곤함이 일시에 몰려오기도 한다. 그래서 나는 소수의 사람들과 함께하는 것을 선호한다.

카미노를 걷기 시작한 지 이제 10여 일이 지났다. 3분의 1쯤 왔다고 해도 되는데 스쳐 지나가는 많은 사람들을 만났다. 혼자였다가 둘이 되고, 셋이 되어 걸어가는 친구도 보고, 그 반대로 둘, 셋이 다니다가 혼자 걸어가는 사람들도 본다. 같이 다니던 일행들이 안 보이면 나도 모르게 궁금해져 그 사람들은 어디 있냐고 묻고 싶어진다. 그런데 이 길에선 그렇게 묻는 것조차 조금은 유치하다는 생각이 들어, 선뜻 물어보지를 못한다. 사람의 인연도 강물 흐르듯이 유유히 맺어지는 것이고, 헤어짐 또한 그런 것이기 때문에…. 한 가지 분명한 건, 길에서 만났다고 해서 다 친구가 되고 인연이 되지는 않는다는 사실이다. 10여 일을 걸으면서 스쳐 지나간 많은 사람 중에 인상적인 친구가 한 명 있다.

 스웨덴에서 온 그녀는 '달리기 소녀'로 유명했다. 유치원 아이들이 맬 만한 크기의 가방을 메고 오르막길이건, 내리막길이건 항상 달리기를 했다. 달리기를 해서 걷는 사람들보다 빨리 가 있겠거니 생각했는데, 항상 같은 알베르게에서 만났다. 생장에서부터 매일매일 보았던 친구, 이탈리아 요리사 클라우디오랑 항상 함께 다녔던 그녀의 이름은 프리다이다.

 가방이 3*kg*밖에 되지 않았기에 며칠 뛰다가 말겠지 생각했던 친구였다. 굉장히 차가울 거 같은 프리다와는 서서히 대화를 하고 마음을 나누게 되며 그렇게 친구가 되어 갔다. 옷은 걸을 때와 잠잘 때 입는 옷 이렇게 딱 두 벌, 그리고 걸을 때 신는 신발 한 켤레, 그 외에 그녀에게 필요한 건 없었다. 알베르게에서는 맨발로 다니고, 알베르게에서 저녁을 해먹고 나면 항상 끝까지 청소를 하며 마무리를 하는 프리다에게서 점점 프리다만의 향기를 느껴갔다. 작은 가방만큼이나 군더더기 없던 그녀의 성격에 점점 매료되어 갔다. 길거리에서 옷 갈아입는 것도 서슴지 않았지만 그녀였기에 더 멋있어 보였던 것 같다. 그렇게 처음부터 함께했지만, 서서히 마음을 나누었던 그녀는 부르고스가 마지막 종착역이라고 했다. 부르고스를 끝으로 자신은 다시 스웨덴에 돌아가서 일해야 한다고 했다. 목적지가 다 산티아고 데 콤포스텔라일 거 같았는데, 이렇게 뜻하지도 않은 이별 앞에서 나도 모르게 가슴이 먹먹해짐을 느꼈다.

아헤스에서 부르고스에 이르는 길은 이전의 길과 달리 카미노만의 특별함을 전혀 느낄 수 없었다. 넓게 펼쳐진 광야의 길을 걸어서 부르고스라는 표지판을 봤을 땐, 정신없이 으르렁대는 도심 교통 한가운데를 걸어야만 했다. 그리고 부르고스 입구에서 대성당이 있는 중심가까지는 거의 한 시간이 걸려서 도착했다. 기력이 쇠할 무렵 도착했던 알베르게, 그리고 산타 마리아 대성당은 나의 지쳤던 마음에 단비를 내려 주는 거 같았다. 부르고스 대성당은 아주 정교하고 웅장한 모습으로 나를 맞아 주었고, 장엄한 건축물 앞에서 나는 넋을 잃고 한 시간을 있었다. 엘시드의 전설이 살아 숨쉬는 위대한 도시 부르고스를 온몸으로 느끼며….

엘시드는 부르고스 영웅 서사시의 주인공으로 그의 무덤은 부르고스 대성당 안에 안치되어 있다. 이슬람교도인 무어인들이 이베리아반도를 공격했을 때 카스티야 레온 왕국의 알폰소 6세를 섬기던 야전 사령관 엘시드 왕자는 전투를 승리로 이끌었다. 그 후에 무어인 포로들을 그 땅에 함께 살았던 스페인 사람이라며 해방시켜 주었다. 이에 감읍한 무어인 족장들이 그의 부하로 들어가 그를 '나의 주군'이란 뜻의 '엘시드'라 불렀다. 우리에겐 찰튼 헤스턴과 소피아 로렌 주연의 영화 〈엘시드〉로 잘 알려져 있다.

오늘부터 부활절 기간의 축제가 스페인의 대도시에서 열린다고 했다. 산티아고 데 콤포스텔라는 물론일 테고 이곳 부르고스에서도 예수님의 부활을 기념하는 거대한 행진이 있을 거라고 했다. 작은 마을에서는 이런 축제를 즐길 수 없다. 하루를 먼저 앞서 가거나 늦게 와서 기다리거나 놓치거나 할 거 없이 딱 맞춰 온 부르고스에서 뜻 깊은 축제를 참여할 수 있어 방문의 기쁨이 더 컸다. 밤 9시가 되자 부르고스 산타마리아 대성당에서 시작하는 행렬은 도심을 향해 길게 이어졌고 모든 주민들이 나와 축제를 즐기며 예수님의 부활을 기념했다.

카미노에서 만나 친구가 된 순례자들이 다시 만나고 헤어지거나 새로운 순례자들이 모여 새롭게 출발하는 '카미노의 거대한 대합실' 부르고스에서의 마지막 밤은 이렇게 깊어져 갔다.

13 스치는 인연에 의미를 부여하지 말자

이별

만남은 당연했지만
이별은 아니었다.

끝까지 함께 갈 줄 알았는데
각자의 목적지는 달랐다.

이별은 항상 예고없이 온다.

14 행동은 생각을 지배한다

🌾 Burgos – Hornillos del Camino : 20km
(부르고스 – 오르니요스 델 카미노 : 20km)

　　　　　　　　　　떠날 사람들은 떠나 보내고, 하루 더 머물겠다는 사람들과는 다음에 보자는 인사를 한다. 그리고 이곳 부르고스에서 처음으로 걷기 시작하는 사람들과는 생기 있는 인사를 한다. 조금은 지쳐 가던 마음에 수혈을 받은 느낌이다. 그 힘으로 아침부터 길을 나선다. 사실 이곳에서 하루 더 쉴까 하는 유혹이 없었던 것은 아니다. 길을 떠나기 전 아침까지만 해도 고민을 했다. 하루 더 머물다 갈 구실을 만들자면 수도 없이 많았기에 그 이유는 문제가 되지 않았다. 그런데 그냥 나의 몸이 계속 걷자고 한다.

　어젯밤부터 고민했던 생각이란 놈을 앞서가는 것은, 나도 모르게 습관처럼 하고 있는 행동이었다. 정신이 몸을 지배하는 줄 알았는데, 몸이 정신을 지배하는 상황에 이르게 된 것이다. 습관이란 건 정말 무섭다. 그래서 내가 평소에 어떤 습관을 갖고 있는지가 중요하다. 성공하는 사람은 성공할 수밖에 없는 습관이 평소에 배어 있어 자기도 모르게 그렇게 전진할 수밖에 없나 싶다. 피로가 쌓일 대로 쌓여서 어젯밤까지만 해도, 아니 오늘 새벽까지만 해도 하루 쉬겠다고 생각했는데 나는 여느 때와 다름없이 새벽에 벌떡 일어나서 배낭을 주섬주섬 챙기고 등산화를 신고 있었다. 그리고 잠시 후 나의 몸이 시키는 대로 걷고 있었다.

부르고스에서 나오는 길은 참으로 어려웠다. 항상 누군가의 뒤를 좇아가야 하는데, 오늘도 거의 마지막 선수로 나왔다. 내 앞으로 걷는 사람이 아무도 보이지 않았다. 그리고 앞서거니 뒤서거니 걸었던 라파엘도 오늘은 아침에 여유 있게 커피를 마시고 간다고 한다. 나에게도 커피를 권했는데 오늘은 커피를 마실 기분이 아니었기에 혼자 먼저 출발한다고 했다. 도시에서 길 찾기에 문제없다고 생각하던 나였는데 이럴 때는 참 난감하다. 오늘 따라 이상하게 내가 가는 길에 순례자가 한 사람도 보이지 않았다. 이렇게 되면 내 마음속에 나도 모르게 짜증이 몰려온다. 그리고 점점 도시가 싫어진다. 오늘이 카미노를 걷기 시작한 지 15일째 되는 날인가.

시골에서 어린 시절을 보냈던 나는 도시에 대한 동경이 있었다. 무엇보다 작은 마을에서 서로의 인생에 대해 관심을 갖고 왈가왈부하면서 사는 사람들이 싫었다. 지구의 때만도 안 되는 그곳이 전체인 것처럼 생각하고 그곳에서 권력을 휘두르려고 하는 사람들의 모습에 신물이 났던 것 같다. 어느 누구는 이웃에 관심이 없는 도시 생활에 대해 문제가 있다고 지적하기도 하지만, 나는 서로의 사생활에 대해 관심을 가지지 않는 도시인들의 삶이 좋다. 내 모습 그대로 살 수 있기 때문이다. 자신을 추스르고 살기도 바쁜 세상인데 많은 사람들이 남의 인생에 간섭하는 것이 싫다. 남의 사생활에 관심도 없고, 내 사생활을 보여주고 싶지도 않은 지극히 개인적인 성향 때문이라고나 할까….

갈등이 많았던 도심을 떠나니 노란 화살표와 조가비가 잘 보이기 시작한다. 그 인공적인 환경을 떠나니 장엄한 메세타의 황무지가 펼쳐졌다. 끝없이 농경지가 펼쳐지며 평화롭고 조용한 흙길이 이어졌다. 이 넓은 농경지 안에도 좋은 땅과 좋지 않은 땅이 있는데, 비옥한 땅에서는 밀이 자라고, 덜 좋거나 높은 땅에서는 보리가 자란다고 했다. 평화로운 길을 지나 수평선까지 뻗은 밭을 지나 올라갔다가 다시 가파르게 내려간다. 적절하게도 이 내리막길의 이름은 '노새 죽이는 내리막'이라 한다.

내리막을 바라보며 서 있는 곳에서 보는 마을과 하늘과 풀 들의 조합은 환상적이었다. 마을의 이름은 '오르니요스 델 카미노'였는데 전통적인 순례자 마을이었다. 마을에 들어서는 순간, 중세 영화의 세트장에 온 것 같은 느낌을 받았다. 산티아고로 가는 길에 있는 중요한 중세의 휴식처로서, 수세기 동안 거의 변하지 않아 옛날 분위기에 흠뻑 젖어볼 수 있는 곳이기도 하다.

마을 어귀에서 다시 만난 라파엘과 오늘은 이곳에서 짐을 풀기로 했다. 그런데 마을 초입에 위치한 알베르게 입구에 빈자리가 없다는 안내 쪽지가 붙어 있는 것이었다. 마음이 쿵쾅거리기 시작했다. 이곳에서 알베르게를 찾지 못하면 $10km$ 거리를 더 걸어가야 하기 때문이다. 조금 무리해서 왔던 나의 몸이 오늘은 여기까지라고 말하고 있었다. 제발…. 항상 꼴찌여도 나를 위한 침상은 언제나 있을 것이라고 생각했던 근거 없는 낙관은 여기서 이렇게 좌절되는 것인가! 나는 여기서 두세 시간을 더 걸어가야 하는 것인가! 이런저런 생각에 잠겨서 마을을 지나가며 걸어가고 있을 때 저 멀리서 나를 향한 천사의 손짓이 보였다.

  카미노 이틀차부터 간간이 만났던 상철이었다. 부르고스에서 아침에 인사하고 먼저 출발했던 상철이는 내가 어떤 정보도 없이 다닌다는 것을 알고 있었다. 왠지 오늘은 여기서 머물 거 같은데 알베르게는 한정되어 있어서 먼저 와서 내 것까지 예약해 놓았다고 했다. 내가 언제 도착할지 몰라 씻지도 않고 길목에서 몇 시간을 기다렸다는 상철이! 이쯤이면 정말 하나님이 보내주신 천사라고 해도 되겠지.

KEEP GOING

도달할 수 없을 것 같은 먼 길도
조금씩 가다 보면
어느 순간 도착해 있다.

그렇기에 오늘도
KEEP GOING!

15 자신과 만나는 시간을 가져라

🌾 Hornillos del Camino – Castrojeriz : 21.2km
(오르니요스 델 카미노 – 카스트로헤리스 : 21.2km)

어젯밤부터 갑자기 많은 비가 쏟아졌다. 우리들은 밖에 널었던 빨래를 황급히 걷어야 했고, 덕분에 저녁식사 후에 다 같이 화롯불에 모여 앉아 이야기꽃을 피울 수 있었다. 비가 오지 않았더라면 밖에 나가 각자 할 일을 하고 있을 것이다. 라파엘과 나는 상철이 덕분에 마지막으로 남아 있던 침대를 사용할 수 있었다. (이는 빗길을 두세 시간 동안 더 걷지 않아도 된다는 말이다!)

생장에서부터 함께했던 라파엘에게는 왠지 모를 동료애가 느껴져 언젠가 한국 음식을 꼭 해줘야겠다는 생각을 하곤 했었는데, 마침 어제저녁에 이를 실행할 기회가 생겼다. 외국 친구들에게 대한민국 음식을 소개할 수 있는 절호의 기회가 찾아온 것이다. 저녁 시간에 상철이와 또다른 한국 친구 현구와 함께 나가서 장을 봤다. 야채를 사고, 계란을 사고, 가져온 고추장과 함께 비빔밥을 해 먹었다. 비록 완벽한 비빔밥은 아니었지만 그럴 듯했다. 그리고 함께 있던 친구들에게 비빔밥을 주면서 비빔밥에 대해 간단히 설명해 줬다. 대부분의 반응이 소스가 너무 맵다는 것! 하지만 다들 맛있다고 한다. 난 요리를 잘하지 못하지만 누군가에게 해줄 수 있다는 것이 큰 기쁨으로 다가왔다.

그날이 아마도 라파엘과는 마지막 만찬으로 기억된다. 그후로 라파엘을 카미노에서 만나지 못했다. 아무래도 걷는 속도가 많이 차이가 났나 보다. 걷는 내내 아름다운 풍경에 도취되면 도취되는 대로 돗자리를 펴고, 그 자리에서 낮잠도 청하며, 마음에 드는 장소에서는 동영상을 찍으며 자신만의 다큐멘터리를 만들어 가는 라파엘을 보면서 자신만의 인생을 참 잘 가꾸어 나가고 있구나 하는 생각이 들었다.

아는 만큼 관심이 생긴다고 했다. 보통 이곳에서 만나는 유럽 친구들을 보면 자신의 나라를 사랑하는 친구들이 참 많다. 유럽 간에는 교통수단도 잘 발달해서 여행을 하고 싶으면 다른 나라까지 가는 데 어렵지 않다. 비행기로 가면 대부분의 주요 도시가 채 한 시간이 안 걸린다. 그들에겐 유럽 안에서도 가보지 못한 나라가 많을 것이다. 그래서 아시아의 작은 나라에 관심을 갖는다는 것은 애초부터 그들에게 쉽지 않은 일이었을 것이다.

그들에게 한국에 대한 이미지는 이곳에서 만나는 사람들로부터 시작된다고 해도 과언이 아니다. 그런 의미에서 우리 개개인이 한국이란 나라의 이미지를 만들어 가는 홍보대사라는 생각이 들었다. 그렇게 우리 문화에 알려줄 수 있다는 것, 설레고도 기쁜 일이다.

바깥의 빗소리와 알베르게 안의 화롯불 앞에 모인 순례자들의 화기애애한 모습이 어우러져 한 컷의 풍경을 연출한다. 동화 속에서나 볼 수 있을 것 같은 그 장면에, 잠시 동안의 낭만이 느껴지는 듯했다. 영어보다는 스페인어를 쓰는 친구들이 많았기에 이야기의 대부분은 스페인어로 이루어졌다. 하지만 낯설지 않은 낯선 사람들 사이에서 우리는 하나됨을 느꼈다. 그런데 그 하나됨도 잠시…. 언어의 장벽 앞에선 오래가지 못한다. 언어가 통해야 말을 계속 이어나가지! 언제까지 못 알아듣는데 알아듣는 척하면서 호응만 할 순 없지 않은가! 모여 있던 순례자들은 평소보다 이른 저녁 시간이었건만 하나둘씩 잠을 청하러 빠져 나갔다. 나 또한 아무것도 안 하고 가만히 있을 수가 없어 내일을 위해 기도를 하고 잠을 청했다.

"내일 아침엔 비가 그치게 해주세요."

침상은 비록 누추했지만 꿈이 있기에 행복했다.

* * * * *

아침에 일어나자마자 나를 맞이하는 건 지붕 위에 떨어지는 빗소리였다. 아직 멈추지 않은 비는 지붕을 뚫을 기세로 힘차게 내리고 있었다. 나는 순간 어제 쉬지 않고 온 것이 다행이라며 오늘 쉬어갈 수 있는 명분이 생겼다고 생각했다. 그리고 비도 많이 오는데 오늘은 그냥 여기서 쉬면서 있을까, 라는 생각을 잠깐 했다. 그런데 어느 누구도 빗속에서 걷는 것을 망설이는 사람이 없었다. 다들 새벽부터 일어나서 아주 당연한 듯이 준비했던 우비를 뒤집어쓰고 평소와 다름없이 길을 나선다. 대체 이 사람들은 무슨 힘으로 이렇게 쉴 새 없이 걷는 것일까에 대한 의문이 몰려 왔다. 그렇게 대세에 편승해서 나도 미리 준비했던 우비를 꺼내 들고, 배낭을 메고 머리부터 우비를 뒤집어썼다.

언젠가부터 보이기 시작한 독일에서 온 두 명의 여성 순례자들이 있었는데, 항상 청바지를 입고 걷기에 자연스레 그 두 사람에게 관심이 쏠렸다. 딱 조이는 청바지가 보기에도 많이 불편해 보였으니 말이다. 그런데 그녀들은 우비조차도 챙겨 오지 않았다며 걱정이라고 했다. 하지만 그녀들조차 빗속을 향해 걷기를 주저하지 않았다. 오늘도 역시 청바지를 입고 우산도 없이 말이다. 그냥 저벅저벅 빗속으로 들어갔다.

빨강, 파랑, 검정, 노랑…! 각각의 모습을 한 우비 순례자들이 질퍽해진 흙길을 따라 걷는 모습이 동화 속 이야기처럼 귀여웠다. 카미노의 흙은 너무나도 찰져 한번 등산화에 붙으면 좀처럼 떨어지지가 않았다. 진흙길 위를 걷는 등산화는 구슬 달린 헌병의 군화처럼 속수무책으로 무거워져 갔지만 우리는 평소처럼 쉼 없이 걸었다.

인적이 드문 지루한 메세타 길을 묵묵히 걸어야 했고, 밤새 내린 비로 인해 물웅덩이와 물길을 피해 걸어야 했고, 우비 안에서 모든 걸 해결해야 했기에 두 손을 마음대로 쓰지 못한 채 걸어야 했다. 짜증으로 점철될 수밖에 없는 상황이었다. 그런데 갑자기 우비 위로 우두둑 떨어지는 빗소리를 온몸으로 느꼈다. 그리고는 이상하리만치 마음속에 평화가 충만함을 느꼈다. 정말 이 신비하고 오묘한 느낌은 뭐지?

말로 표현할 수 없는 느낌…

그렇게 난 나 자신과 깊은 교제를 나누고 있었다. 부자유했던 우비 속에서 말이다. 그 누구와의 교제와는 비교할 수 없는 알아가는 기쁨이 충만한 나 자신과의 교제!

카스트로헤리스는 산 중턱에 길게 뻗어 있는 쾌적하면서도 한적한 마을이었다. 마을의 파괴된 성곽과 수도원에는 좀더 역동적이었던 과거를 보여주는 흔적들이 남아 있었다. 마을에 도착하자마자 언제 비가 왔었냐는 듯이 날씨가 화창히 갰다. 숙소를 잡고 마을 산책에 나섰다. 어떤 레스토랑에 들어갔더니만 그 안에 작가 파울로 코엘료가 다녀간 흔적들이 많이 남겨져 있는 게 아닌가.

비

울적할 때의 비는 슬픔이 되어 내리고
기쁨이 있을 때의 비는 행복이 되어 내리며
설렘이 가득할 때의 비는 사랑이 되어 내린다.

불편하지만 '타닥'하는 빗소리에 설레는 이 순간.

3부

길 위에서 만난 사람들

16 그는 어느 순간 나에게로 왔다

🌱 Castrojeriz – Frómista : 25.5km

(카스트로헤리스 – 프로미스타 : 25.5km)

언제나 새로운 사람을 만날 수 있고 헤어질 수 있는 곳이 카미노다. 그래서 사람들을 만나고 헤어지는 일에 연연해하지 않는다. 혼자 길을 걷는 묘미에 빠져 혼자임을 철저하게 즐기고 있던 어느 날, 그는 나에게 다가왔다. 길을 같이 걸어도 되겠냐는 말과 함께….

다른 순례자처럼 몇 시간 함께 걷다가 각자 페이스대로 길을 가겠지 하며 흔쾌히 응했다. 그렇게 바르셀로나에서 온 알베르트와의 만남은 시작되었다. 사실 알베르트를 그때 처음 본 것은 아니었다. 전부터 몇 번 마주치긴 했었는데 그저 스쳐 지나가는, 나와는 상관없는 사람 중의 하나일 뿐이었다. 그런데 그의 말 한마디로 우리는 어느새 친구가 되어 있었다. 어떤 사람과의 관계가 시작되는 건 큰 사건에서 오는 것이 아니다. 그저 작은 말 한마디로 시작될 수도 있다는 사실.

하지만 그 작은 용기를 내지 않으면 그 누구와도 특별해질 수 없다는 것은 분명하다.

이베리아 반도에 있는 스페인이라는 나라에 대해서 언제부터인지 관심이 생기기 시작했다. 하지만 이론적으로만 접근하는 건 금세 지루해져서 퍽 아쉬웠는데 그날 이후로 살아있는 교과서 알베르트를 만나 스페인의 문화에 대해 더 많이 알아가게 되었다. 알베르트는 스페인이 지방마다 지역색이 아주 강하고 언어 또한 다르다고 했다. 우리가 흔히 말하는 스페인어는 '카스테야노'라고 불린다. 마드리드와 남부 등 스페인 전역에서 쓰는 언어다. 그리고 바르셀로나 쪽인 카탈루냐 지방의 '카탈란', 북서쪽에 있는 갈리시아 지방의 '가예고', 바스크 지방의 '바스코' 이렇게 네 가지 언어로 나뉜다고 했다.

열변을 토하며 말하는 알베르트의 바르셀로나 사랑은 아주 각별했다. 자신은 카탈루냐 지방에서 왔기 때문에, 자신의 모국어는 카탈란이고, 제2 언어로 스페인어를 한다고. 카탈란과 스페인어는 단어 자체도 아주 달라서, 스페인 남부 사람들은 카탈란을 못 알아듣는다고 한다. 바르셀로나에서 사는 사람들은 그 지방을 하나의 국가로 여기며 자부심이 상당하다고 했다. 그리고 그는 스페인 정부를 굉장히 싫어했다. 스위스보다 더 많은 인구가 카탈루냐 지방에 살고 있고, 그들은 항상 자신들의 독립을 요구하는데 스페인 정부가 그것을 인정해 주지 않는다면서 말이다. 이미 내가 걸어왔던 스페인 북부에 자리 잡고 있는 바스크 지방과 산티아고 데 콤포스텔라가 있는 갈리시아 지방 또한 항상 자신들의 독립을 요구한다고 했다.

실제로 카탈루냐는 대대로 자치권을 누렸다. 그런데 왕위계승 전쟁에서 줄을 잘못 섰다가 1714년 9월에 독립의 지위를 빼앗겼다. 역사와 문화는 물론, 언어까지 다른 카탈루냐 지방 사람들은 스페인에 남아 있는 것이 경제적으로 전혀 득이 될 것이 없다고 생각한다. 오히려 마드리드를 먹여 살린다고 생각하고 있다. 그리고 무엇보다 마드리드 정부의 강압적인 통치방식에 대한 불만이 상당하다. 이것이 바로 카탈루냐 지방 사람들이 지금까지도 끊임없이 독립을 외치는 이유다.

알베르트가 살고 있는 바르셀로나 - 카탈루냐 지방은 우리나라 사람들에게 가우디 투어로 잘 알려져 있다. 그런데 스포츠 종목 중에서 그 지방 출신으로만 구성된 국가대표팀이 따로 있을 만큼 독립성이 강하고 지방색이 짙다. 앞서 말했듯이 마드리드와의 지역감정 역시 아주 심하다. 알베르트 또한 마드리드나 스페인 남부에서 온 사람들을 만날 때마다 싫다는 감정을 여과 없이 표현하곤 했다. 예전에는 마드리드인들이 바르셀로나에 차를 몰고갈 때에는 'I LOVE BARCELONA'라는 팻말을 붙이지 않으면 차가 온전하게 돌아올 수 없을 정도였다고 한다.

우리는 때로 우리가 사는 공간이 너무 협소하다고 느껴져서, 그리고 다른 문화를 알아가는 것이 재미있어서 다른 나라로 여행이란 것을 한다. 하지만 알베르트는 자신이 사는 곳을 너무 사랑하다 보니 다른 나라를 여행할 필요성을 못 느꼈고, 가본 적도 없다고 했다. 가더라도 이곳 이베리아 반도를 벗어나지 않아 스페인만 다녔다고. 자신이 태어난 곳을 진정으로 사랑하는 모습, 나라에 대한 자부심을 가슴에 지니고 산다는 것이 무엇인지 알베르트를 통해서 알게 되었다. '나는 그만큼 우리나라를 사랑하고, 우리나라에 대한 자부심이 있는가?' 한번 생각해 보는 시간이었다. 그리고 반성하게 되었다.

다년간의 여행 경험으로 비추어 봤을 때 지극히 개인적인 견해이긴 하지만 해외여행을 하는 한국 사람들의 성향은 두 부류로 나뉘는 것 같다. 한국인이지만 해외에서 한국사람 만나는 것을 싫어해 피하는 사람, 아니면 한국 사람들끼리만 몰려다니면서 끈끈한 동포애를 보여주는 사람! 나는 전자도 후자도 아니지만, 그저 여행지에서 만나는 사람은 다 특별하게 다가오는 것 같다. 국적을 불문하고 말이다.

알베르트는 이제까지 한국이란 나라에 대해 관심을 갖게 될 동기가 없었다. 한국인들을 만나 깊게 대화를 나눠 볼 만한 기회 또한 없었다. 하지만 이 순간 나를 통해서 한국인에 대한 이미지를 만들어 가고 있는 중이었다. 유독 여자를 좋아하는 알베르트였지만 자신이 좋아하는 여자 국적에 대한 호불호는 분명했다. 알베르트에게 베스트는 영국, 독일, 스페인 여자도 아닌 자신이 살고 있는 카탈루냐 지방의 여자이었다.

걸으면서 그간 다녔던 여행지에 대한 얘기를 알베르트와 나누다 보니 시간 가는 줄 몰랐다. 그리고 짧은 시간이지만 알베르트가 가르쳐 준 스페인어를 따라하며 곧잘 소화해 냈더니만 알베르트가 나에게 묻는다. 스페인어를 처음 배우냐고. 그래서 그냥 그렇다고 했다. 때로는 질문이 왔을 때 그 다음에 길게 썰을 풀어야 하는 게 싫어서 단답형으로 대답할 때가 있다. 그때 그랬던 것 같다. 알베르트는 말한다.

나보고 지적이며, 열정이 가득한 것이 본인이 사는 카탈루냐 지방 여자 같다고. 그거 칭찬으로 받아들여도 되는 거지?

그런데 알베르트, 나 한국에서 스페인어 좀 배워 갔었어….

관계의 타이밍

서로에게 영향을 주고받을 수 있는 관계 속으로 들어가려면
누군가는 스타트를 해야 한다.
그리고 누군가는 받아들여야 한다.

그것이 바로 관계의 타이밍이다.

17 반전의 매력

🌾 Frómista – Carrión de los Condes : 19.7km
(프로미스타 – 카리온 데 로스 콘데스 : 19.7km)

　　　　　　　　　　대부분 동행을 만나서 길을 걷다가 어느 정도 시간이 지나면 혼자 걷겠다며 다음에 보자고 인사하고 헤어진다. 그런데 알베르트와는 이야기를 나누며 걷다가 프로미스타 마을까지 오게 되었다. 앞으로의 일정을 고려해 3km를 더 간 다음 마을에서 오늘 하루는 묵어야겠구나 생각했다. 그런데 프로미스타에 도착하자마자 햇빛 쨍쨍했던 하늘에 천둥, 번개가 치며 비가 퍼붓기 시작했다. 프로미스타에서 묵으라는 신호인지 알고 알베르게를 서둘러 찾았다.

　나는 어떤 마을이든지 도착을 하면 무조건 공립 알베르게만 가야 하는 줄 알고 있었다. 그런데 알베르트는 공립 알베르게는 너무 사람들이 많고 시끄럽다면서 사립 알베르게를 선호했다. 공립보다는 조금 값이 나가지만 말이다. 어떤 사람을 만나서 가느냐가 중요하다고 생각하기 때문에 나는 알베르트가 추천하는 사립 알베르게로 갔다.

매일같이 알베르게에 도착하면 하는 일이 짐을 풀고, 샤워를 하고, 빨래를 하는 것이다. 대부분 샤워실에서는 샤워만 하고, 빨래하는 곳은 외부에 따로 마련되어 있다. 다른 순례자들을 위한 배려 차원이랄까. 여느 때와 같이 난 샤워실로 들어가 샤워를 했다.

그런데 그날은 이상하게 샤워를 하면서 나도 모르게 속옷을 빨고 있었다. 사립 알베르게라 사람이 별로 없어서인지 씻는 김에 속옷과 티셔츠만 빨아버리자는 유혹이 몰려왔던 것이다. 그리고 샤워를 끝낸 후에 기분 좋게 밖으로 나왔다. 그런데 갑자기 알베르게 주인이 나에게 따라 오라 하더니 내가 들고 있던 옷들을 집어 빨래터에 던지는 것이었다. 그러면서 스페인어로 사납게 뭐라고 소리를 친다. 겉옷을 빨았던 것도 아닌데…. 순간 너무 놀라고 황당했다. 스페인어로 소리쳐서 뭐라고 하는지도 모르겠고, 어느 정도 내 잘못도 있는 거 같아서 멀뚱멀뚱 서 있기만 했다.

그 자리에서는 가만히 있다가 나중에 생각을 해보니 조금 억울한 것 같아 뒤늦게 분한 생각이 들었다. 그렇게 막무가내로 소리칠 일은 아니었는데… 그냥 조용히 말하고 주의를 줘도 됐을 텐데 말이야…. 하긴 사람은 다 내가 생각하는 것 같지는 않지만, 매일같이 공립 알베르게에서 친절한 호스피탈레로만 만나다가 이런 사람도 알베르게를 운영하는구나 하고 생각했던 사건이었다.

게다가 그곳에서 알베르트랑 피자를 시켜 먹었는데 이걸 먹으라는 건지 말라는 건지 생각할 정도로 피자가 완전 바짝 태워져서 나왔다. 정말 이제까지 카미노를 걸으면서 만났던 최악의 알베르게였다. 그리고 그동안 카미노에 대해 가졌던 좋은 느낌이 한꺼번에 곤두박질치는 것을 경험했다.

아홉 번 잘하다가 한 번 잘못하면 깨지는 것도 사람 관계이다. 아홉 명의 좋은 사람들을 만나다가 이상한 한 명을 만나니 그 동안 좋았던 스페인 사람들에 대한 이미지가 온데간데없었다. 그렇다고 그 마음에 묶여 내 기분을 망칠 순 없었다. 빨리 기분전환하는 게 필요했고, 그곳을 빨리 떠나는 것이 최선인 것 같았다.

여행이란 것… 장소와 건축물은 쉽게 변하지 않기에 언제나 볼 수 있고, 요즘에는 훌륭한 사진이나 영상 들을 쉽게 접할 수 있기에 건축물에 대한 감흥은 크게 다가오지 않는다. 여행을 더 풍성하게 해주는 것, 그리고 나중에 떠올렸을 때 좋은 추억으로 남을 수 있는 것은 항상 그 자리에 있어 변하지 않는 풍경이나 건물을 보고 사진을 찍어 남김으로써 가능한 것이 아니다. 그 장소, 그 상황에서 느끼는 나의 감정 상태, 그리고 그곳에서 누구를 만나 어떤 이야기를 하느냐에 따라 여행의 추억이 만들어지고 그 결이 쌓이는 법이다.

다행이었다. 그래도 옆에 누군가가 있다는 것…. 좋은 사람의 영향을 받으면, 다른 감정으로 빨리 바꿀 수 있으니까. 마을은 괜찮았지만 알베르게 주인으로 인해 기분이 안 좋았고, 나에게만큼은 최악의 장소였다고 생각되는 프로미스타를 서둘러 나와 알베르트와 함께 다음 목적지를 향해 걸었다. 프로미스타를 벗어나자마자 나의 감정은 다시 활기를 찾았고, 알베르트 또한 좀전의 일을 잊은 양, 길 위에서 자신의 이야기를 풀어 놓기 시작했다.

오늘이 22일이라면서 자신의 행운의 숫자는 22라고 했다. 자신만의 행운의 숫자를 가지고 있는 것도 좋은 생각인 것 같다. 특별히 좋은 일이 있어 봤더니 항상 22란 숫자가 자신을 따라다녀 행운의 숫자가 되었는데, 반대로 기분이 좋지 않아도 22란 숫자를 떠올리거나 우연히 보게 된다면 좋은 일이 일어날 거라는 희망으로 분위기는 역전되기 때문이다. 덕분에 22란 숫자가 나에게도 영향을 미친다. 이제는 어딜 가도 우연히 22란 숫자를 보면 알베르트가 생각나고, 그것으로 인해 나에게도 기분 좋은 일이 일어날 거 같기 때문이다.

알베르트는 외동아들인데, 자신이 아홉 살 때 부모님이 이혼하셨다고 했다. 그래서 어렸을 때부터 자신은 엄마와 함께 살면서 많은 책임감을 안고 살아야 했다고 한다. 엄마는 자신을 많이 의지하고, 지금은 엄마와 아빠 사이에서 다리 역할을 하는 것이 힘들다고 했다. 자신도 서서히 엄마로부터, 아빠로부터 관계적인 독립이 필요하기에 어떻게 하면 좋을까 생각하다가 카미노를 걷기로 결정했다고 한다. 또한 자신은 항상 여자와의 관계에서 반복되는 패턴으로 넘어진다고 했다. 한참 얘기를 듣다 보니 어쩌면 알베르트에겐 사랑의 감정이 연민과 동정에서 비롯되지 않았을까 싶다. 어렸을 때부터 엄마를 보호해야 한다는 생각이 몸에 밴 알베르트… 그래서 여자들을, 그리고 지금은 나를 보호해 주어야 한다고 생각하는 이 남자…!

'강하고 산적같이 생긴 외모와는 달리 솔직함과 섬세함, 그리고 아직도 어린 아이 같은 순수함이 이 친구 안에 있구나!' 하고 느꼈던 반전의 순간이었다.

반전

섹시하게 생겼는데 순수한 사람
차가울 거 같은데 따뜻한 사람
강하게 보이는데 여린 사람

반전이 있는 사람들

반전 있는 사람이 매력적이다.

그런 사람이 좋다

'빤'하지 않은…!

18 카미노에서 유명인이 되다

Carrión de los Condes – Terradillos de los Templarios : 26.8km
(카리온 데 로스 콘데스 – 테라디요스 데 로스 템플라리오스 : 26.8km)

스페인어를 출중하게(물론 자신의 모국어이지만) 하는 친구와 다니니 좋은 점이 꽤 있다. 무엇보다 바에서 음식을 시킬 때 주저하지 않게 되고, 스페인 전통음식에 대한 정보는 물론, 맛있는 식당 음식을 추천받을 수 있다. 그리고 좋은 알베르게에 대한 정보가 많다. 궁금한 게 있으면 알베르게에 전화해 물어볼 수도 있고, 때로는 전화상으로 예약할 수도 있다. 하루하루 내 몸을 뉘일 침상에 대한 걱정을 하지 않아도 된다는 것이다. 물론 공립 알베르게 같은 경우는 예약이 안 되고 무조건 도착하는 대로 선착순이지만, 사립 알베르게 같은 경우에는 예약이 가능하다. 이곳에선 솔직히 먹고 자고 걷는 일 외에 다른 특별한 일이 없다. 그런데 알베르트로 인해서 이 모든 것들에 대한 걱정을 하지 않게 되었다.

카리온 데 로스 콘데스의 알베르게는 종전에 수도원으로 쓰이던 건물을 개조하여 만들어졌다. 알베르게 앞으로 넓은 공터가 있었는데 건물은 마치 학교를 연상케 했다. 그곳에 많은 현지 학생들이 있었다. 그런데 우리가 도착하자마자 많은 학생들이 일제히 우리에게 몰려드는 것이 아닌가. 그리고는 자신들의 수첩을 펼쳐 보이며 나에게 사인을 해 달라고 했다. 또한 사진도 같이 찍자 한다. 유명한 연예인이 되면 바로 이런 기분일까? 누군가 나를 알아보고 사인을 요청하는 건 분명 신기하면서도 신나는 일이었다. '내가 예쁜 건 알아가지고….' 순간의 자존감이 올라갔다. 나중에 알베르트를 통해 안 사실이지만 학교에서 학생들에게 숙제를 내준 것이라 한다. 외국인 순례자들을 만나서 이름을 적고, 사진을 같이 찍어 오라는 숙제 말이다. 그래도 순간 기분 좋았던 경험이었다.

종교를 가지고 있지 않았던 알베르트는 수도원 분위기가 나는 알베르게를 싫어했다. 그런데 나는 이곳에서 뭔지 모를 안정감이 느껴졌다. 알베르게에 짐을 풀고 머리 스타일과 수염에 대한 이야기를 하게 되었다. 나는 수염 기르는 것을 별로 좋아하지 않고, 스포츠형의 짧은 머리스타일이 좋다고 이야기를 했다. 그동안 머리가 많이 자랐던 알베르트는 잠시 생각을 하더니 갑자기 미용실을 가야겠다고 한다.

나는 혼자만의 시간을 누리고 있었다. 한참 뒤에 돌아온 알베르트는 변신을 하고 왔다. 그동안 길렀던 머리를 다 자르고 스포츠형 헤어스타일로 말이다. 사실 알베르트는 얼굴과 코가 긴 편이었고 키도 크고 덩치가 좀 있어서 산적 같은 이미지를 가지고 있었다. 그런데 짧은 머리를 하니까 천진난만한 아이 같은 이미지로 바뀌었다. 처음에는 조금 웃음이 났다. 하지만 곧 적응을 했고 다시 알베르트와 나가서 마트에 가서 저녁과 내일 간식을 위한 장을 봤다. 돌아와서 요리를 하려고 하는데 먼저 온 사람들이 자신들이 해 놓은 파스타와 와인을 우리에게 제공했다. 우리 둘은 감사히 맛있게 먹었다. 그런데 우리가 저녁을 위해 잔뜩 장을 봐온 것들은 어떡하지?

어쩔 수 없었다. 그 모든 것들을 배낭에 넣고 걸어야만 했다. 내 배낭은 이미 너무 무거운지라 알베르트가 자신의 배낭에다 음식 재료들을 다 넣고 가겠다고 했다. 짐을 조금이라도 줄여야 한다며 다음날 아침을 완전 거대하게 먹고 우리는 출발했다.

오늘은 조금 긴장하며 걸어야 할 길이었다. 메세타라고 하는 그늘이 거의 없고, 평탄하고 별 특징 없는 17km의 거리를 걸어야만 한다. 17km를 가는 동안 쉴 수 있는 어떤 바도, 마을도 없다고 했다. 처음 카미노를 걸을 때는 오르락내리락하는 산길이 가장 힘들 줄 알았는데, 오히려 지금은 아무것도 볼 것이 없는 지루한 평야가 제일 힘들다. 육체적으로는 점점 단련이 되어 가는지, 정신적으로 아무 자극이 없는 상태가 제일 힘들다는 것을 알았다. 다행히 날씨는 우리 편이었다. 이 날만큼은 하늘 중간중간 구름이 적당히 떠 있어 그리 덥지가 않았다. 출발은 알베르트와 함께였다. 그런데 알베르트가 일부러 나와 보조를 맞추려고 애쓰는 것 같아 조금 걷다가 내가 말했다.

"알베르트, 난 오늘 천천히 걸을 거야. 너 먼저 가고 싶으면 언제든지 먼저 가도 돼."

"응, 알겠어. 그래도 같이 걷다가 내가 빨리 가고 싶으면 그때 빨리 갈게."

언제든 자신의 페이스대로 갈 수 있는 카미노. 알베르트가 날 배려하느라고 자신의 페이스를 놓치지 않았으면 하는 바람이었다. 한국에선 굉장히 걸음이 빠른 나였는데 카미노에선 이상하게 천천히 걷게 된다. 이제까지 카미노에서 많은 한국 사람들을 보아 왔던 알베르트도 오죽하면 나를 아프리카에서 온 여성이라고 놀렸을까.

그렇게 이 멀고도 먼 길에서 알베르트와의 간격은 점점 멀어져 갔다. 나 또한 혼자임을 즐기며 나의 페이스대로 길을 걸었다. 중간에 몇 번이나 쉬고 싶었는데, 쉴 만한 곳도 별로 없었다. 한참을 걷다 보니 저 멀리 오른편에 돌로 만든 의자와 탁자가 있는 것이 보였다. 저기서 쉬어 가겠다고 생각하고 탁자에 다다랐을 때, 탁자 옆에 길 가운데 과자 봉지와 종이 한 장이 있는 것을 보았다. 마음 따뜻한 누군가 길을 걷는 순례자들을 위해 도네이션을 했다고 생각을 했다. 의자가 절실했던 나는 바로 오른쪽으로 틀어 탁자에 배낭을 올려놓고 의자에 앉아 잠깐의 휴식을 만끽했다. "부엔 까미노"를 외치며 지나가는 사람들이 길 중간에 있던 종이를 보더니 다들 그냥 지나쳐 가는 것이었다. '왜 어떤 사람도 저 과자를 가져가지 않는 거지?' 난 이상하게 생각하며 다시 걷기 위해 배낭을 멨다. 그리고 무심코 과자와 종이를 보았다.

맙소사! 그 종이 위엔 내 이름이 적혀 있었다. 초코과자와 함께 놓여 있던 종이엔 "'FOR HOON JOO' BY ALBERT"라고 적혀 있던 것이었다. 사람들이 쳐다만 보고 그냥 갔던 이유가 거기에 있었다.

비록 내 이름의 철자는 틀리긴 했지만, 뜻밖의 선물로 마음이 훈훈해졌다. 그리고 먼 길을 지나 테라디요스 데 로스 템플라리요스 마을에 도착했을 때는 또 한 장의 종이가 나를 기다리고 있었다.

'HOON JOO, I AM HERE' BY ALBERT ('헌주에게, 나 여기 있어.'— 알베르트가)

오늘의 미션을 완수하는 기분이었다.

선물

우리들의 현재(present)는 선물(present) —

현재를 잘 사용하면 할수록
우리가 받는 선물은 늘어나는 거지.

그래서 난
과거의 집착이 아닌,
미래의 걱정이 아닌,
현재를 그냥 사는 거라구!

19 소통의 힘 & 소통 부재의 결말

Terradillos de los Templarios – Calzadilla de los Hermanillos : 26.9km

(테라디요스 – 에르마니요스 : 26.9km)

'HOON JOO, I AM HERE'라고 적혀 있는 종이를 봤을 때의 기분은? … 대략난감! 어쩔 수 없이 나는 내 선택과는 상관없이 이곳에 머물러야 하는 것인가! 길바닥 한 곳을 차지하고 있던 종이를 누가 볼세라 가방에 쑤셔 넣었다. 이미 본 사람들은 다 봤을 텐데 말이다. 갈증이 나서 목이라도 축이려고 알베르게 바로 들어왔는데 만나는 순례자들마다 나에게 종이 봤냐며 물어본다. 그러더니 알베르트가 여기 있다고 한다. 조금 앉아 있으려니 알베르트가 들어오며 환하게 웃는다.

"내가 길에 놓은 과자랑 종이 다 봤어?"

"응. 진짜 깜짝 놀랐어. '미션 임파서블' 영화 찍는 줄 알았어."

"생각해 보니 어제 저녁에 장보고, 아무것도 없는 17㎞의 평야를 걸어야 하는데, 너한테 먹을 게 아무것도 없다는 생각이 들었어."

생긴 이미지와는 달리 세심한 배려가 있는 알베르트. 일찍 도착해서 나를 기다리고 있던 그가 나에게 배낭을 놓고 나오라고 한다. 정리를 하고 나왔더니 알베르트가 직접 요리한 만찬이 준비되어 있다. 알베르트는 채식주의자다. 어제 우리가 같이 장봤던 재료들로 요리를 해놓고 기다리고 있었다.

이때부터 한국 사람들 시간에 맞춰 있던 나의 점심, 저녁 시간은 스페인 사람들의 시간에 맞춰졌다. 점심은 2~3시, 저녁은 8~9시. 누구를 만나느냐에 따라 나의 생활 리듬도 바뀐다. 나는 참으로 관계 중심형의 인간인가 보다. 식사를 하고 마을 산책에 나섰다. 알베르게말고는 인적을 좀처럼 찾아볼 수 없었다. 마치 모든 게 정지된 마을 같았다. 정지된 공간과 시간 속에서 사람들만 움직이는 것 같은 느낌…

정지된 것만 같은 마을 속에서도 시간은 흐른다. 밤이 지나고 새 날이 되었다. 오늘도 걷기 위해 만반의 준비를 한다. 선크림을 꼼꼼하게 바르는 건 필수다. 오늘도 거울을 보며 열심히 얼굴을 두드리고 있는 내게 이탈리아에서 온 요리사 친구 클라우디오는 말한다. "지금은 너를 싫어할 시간!" 선크림을 바르면서 나도 모르게 얼굴을 세게 두드렸나보다. 마주칠 때마다 그 모습을 본 클라우디오는 나를 보면 항상 놀릴 거리를 찾는 것 같다.

많은 순례자들이 머무는 위치를 정할 때 작은 마을보다는 도시를 선호한다. 알베르게의 선택 폭도 넓을뿐더러 도시 자체에 볼거리가 많기 때문이다. 오늘 걸으면서 지나갈 중세 시대 교회 권력의 중심지였던 사하군 Sahagun 이라는 도시에 대한 기대가 있었는데, 개인적으로는 공장 같은 느낌 외에 어떤 느낌도 받지 못했다. 알베르트가 은행에 가야 한다며 사하군에서 잠시 쉬어 가자고 했다. 언제나처럼 난 바에서 또띠야를 시키고 혼자 점심을 즐기고, 알베르트는 은행에 다녀온다고 했다.

은행에 갔다가 돌아온 알베르트는 갑자기 나에게 장미꽃 한 송이를 내밀었다. 비록 어제였지만 4월 23일이 산트 조르디 Sant Jordi (성 게오르기우스의 날) 축제의 날이라고 했다. 자신이 사는 카탈루냐 지방의 전통인데 친애하는 사람들과 선물을 주고받는 날이라고 했다. 남성은 여성에게 장미를, 여성은 남성에게 책을 주고받는다고 한다.

요즘에는 성별과 상관없이 책을 교환하는 추세인데, 유네스코에서 이 전통을 받아들여 4월 23일을 '세계 책의 날'로 기념하고 있다. 이 날은, 스페인 카탈루냐 지방에서 전통적으로 책을 사는 사람에게 꽃을 선물했던 '세인트 조지'의 날과 1616년 세계적인 작가인 셰익스피어와 안데르센이 사망한 날에서 유래하였다.

깜짝 선물은 사람을 기분 좋게 만든다.

"고마워! 알베르트. 그런데 난 너에게 선물할 것이 없는데?"

"괜찮아. 그냥 주는 게 나의 기쁨이야."

난 아무것도 해주는 것 없이 매번 알베르트에게서 받기만 하는 것 같다. 알베르트는 어쩌면 어렸을 때부터 엄마를 보살펴야만 했던 습관이 배어 있는 듯했다. 그렇게 보살피고, 베풀고 하면서 자신의 마음에 안정감을 갖고 기쁨을 느끼는 것 같다. 누구나 베풀 때 상대방이 기뻐하는 모습을 보면 기분이 좋아지긴 하지만….

알베르트는 항상 시에스타를 즐겨야 한다. 시에스타란 2~4시 정도 낮잠을 자는 시간이다. 한낮의 무더위로 일의 능률이 오르지 않아 낮잠을 자고 저녁 늦게까지 일을 하자는 것이다. 그것도 일리가 있는 건 스페인의 한낮의 태양은 뜨거워도 너무 뜨겁다. 시에스타 중에는 상점이나 레스토랑도 문을 닫기 때문에 도시 전체가 고요하다. 알베르트가 갑자기 사하군에서 졸리다며 시에스타를 조금만 즐기고 가겠다고 한다. 그는 숙소에 도착해서나, 길 가다가 잔디밭 위에서나 낮잠 자기를 서슴지 않는다. 아직 잔디밭에 누워 햇빛을 즐기며 쉬는 건 익숙하지 않은 나다. 난 천천히 걸어가고 있겠다고 했다. 낮잠을 자고 나를 따라잡으라고 했는데 알베르트는 그럼 오늘은 시에스타를 건너뛰고 그냥 나와 함께 가겠다고 한다.

오늘 우리의 목적지인 에르마니요스 숙소는 알베르트가 미리 전화해서 예약을 해놓았다. 전화 통화로 예약을 한 알베르트는 주인이 자신과 같은 카탈루냐 출신이라면서 반가워했다. 알베르게 선택할 때 우리에게 중요한 건 주방이 있느냐 없느냐였다. 다행히도 우리가 예약한 알베르게에는 주방이 있었고, 요리를 할 수 있다는 사실에 알베르트는 완벽하다며 아이처럼 좋아했다. 게다가 오늘은 특별히 자신이 개발한 카탈루냐 전통 음식을 해주겠다고 했다.

도착한 알베르게의 정원은 굉장히 넓었는데 건물은 아담했다. 그리고 무엇보다 4인실이라는 것이 마음에 들었다. 우리가 들어간 방에는 며칠 전부터 계속 걸으면서 마주쳤던, 독일에서 온 딜레란 친구가 있었다. 아버지는 터키인, 어머니는 독일인이라고 했다. 딜레는 금발머리를 가진 발랄한 친구로 영어, 터키어, 독일어, 스페인어를 거의 완벽하게 구사한다고 했다. 많은 언어를 구사할 수 있다는 것은 그만큼 사람들과 소통할 수 있는 범위가 넓다는 뜻이다. 그리고 그만큼 많은 기회를 가질 수 있다. 그래서 참 부럽다.

딜레는 나에게 저녁을 같이 먹자고 했다. 간단하게 바게트와 와인을 먹을 거라면서 말이다. 알베르트가 미리 말해 놓은 것이 있기 때문에 딜레에게 알베르트가 음식을 하기로 했으니 같이 먹자고 말했다. 그리고 알베르트와 마트로 장을 보러 가서 3인분에 해당하는 양을 샀고 알베르트는 주방에서 요리를 했다. 난 옆에서 보조 역할을 했다. 주방 식탁에는 프랑스에서 오신 다섯 분의 할머니들이 계셨다. 그리고 연신 깔깔대며 모든 과정을 지켜보셨다.

요리 후에 음식을 세팅해 놓고 우리는 딜레를 기다렸다. 그런데 그녀가 오지 않는 것이었다. 어쩔 수 없었다. 우리끼리 식사를 하는 수밖에…. 나는 알베르트가 정성스럽게 만든 음식을 남길 수 없다면서 그 많은 양의 음식을 꾸역꾸역 먹었다. 그리고 결국 탈이 났다.

확실하게 확인하지 않은 '소통의 부재'가 낳은 결과였다.

소통

막히지 아니함.
서로 통하여 오해가 없음.

소통은 몸에 피가 도는 것과 같은 이치.

언어가 달라도 소통할 수 있고,
언어가 같더라도 소통할 수 없는 경우도 다반사.

생각하는 바와 마음을 온전히 공유한다는 것,

마음의 피가 잘 돌아
모든 일에 막힘이 없게 되는 것.

20 감사는 기적을 낳는다
Calzadilla de los Hermanillos –Mansilla de las Mulas : 24.5km
(에르마니요스 – 만시야 : 24.5km)

　　　　　　　　　어제 우리가 머문 알베르게는 지켜야 할 규칙이 가짓수도 많고 엄격했다. 도네이션으로 운영되어 그런가? 하지만 그 모든 것들은 '카탈란'(카탈로니아 언어)을 하는 알베르트가 있어서 알베르트가 담당했고 난 옆에서 시키는 대로 보조를 했을 뿐이다. 한국뿐 아니라 이곳 이베리아 반도에서도 지연은 적용되나 보다. 알베르트는 알베르게를 운영하는 부부가 너무 좋다면서 연신 칭찬을 했다. 반면에 알베르게를 다녀간 한국 사람들의 방명록을 보면 까다롭다는 내용이 주를 이루었다.

　부엌 사용 규칙이 조금 까다롭긴 했지만, 사용하기 전에 붙어 있는 알림판을 보고 그대로만 한다면 문제가 없는 알베르게였다. 그리고 중요한 건 설거지를 할 수 없다는 점! 호스피탈레로만 설거지를 할 수 있다. 도네이션으로 운영되긴 하지만, 실상은 부부가 운영하는 사립 알베르게여서 방이 두 개였고 침대 수가 10개밖에 되지 않았다. 한 방은 프랑스에서 단체로 온 화기애애하게 보이는 다섯 명의 할머니가 썼다. 그 할머니들은 카미노를 걸으면서 계속 마주치게 되었는데 알베르트에게 적극적인 관심을 보였다. 알베르트는 다섯 명의 엄마가 자신을 지켜보는 기분이라면서, 할머니들을 만날 때마다 '다섯 명의 엄마들'이란 표현을 썼다. 황혼의 나이에 친구들과 함께 모여 산티아고 길을 걸을 수 있는 그 여유가 참으로 보기 좋았다.

아침에 주인 부부와 한참을 이야기하는 알베르트를 기다리다가 출발을 가장 늦게 했다. 길을 걸으면서 알베르트는 주인 부부와 한 이야기를 들려주었다.

바르셀로나에서 행복하게 살고 있었던 부부… 그런데 어느 날 청천벽력 같은 이야기를 듣게 된다. 아내가 암에 걸렸다는 것이었고, 말기라서 3개월 정도밖에 못 산다는 얘기를 들었다. 부부는 이탈리아까지 가서 유명하다는 병원은 다 찾아다니고 살기 위해 노력을 했다. 하지만 완전한 치유가 어렵고 자신에게 남겨진 3개월의 생을 그냥 받아들이게 되었다. 그러던 어느 날 우연히 만난 한 사람이 산티아고 길을 걸으면 아픈 곳이 치유가 될 것이라며 이 길을 걷는 것을 추천했다. 부부는 암이 치유가 된다는 말은 믿지 않았지만 남은 생인 3개월을 어떻게 보낼까 고민하고 있던 차에 부부가 같이 산티아고 길을 걷기로 결심한다. 그리고 모든 일을 그만두고 한 달 동안 이 길을 걸었다.

그런데 카미노를 걷고 다시 갔던 병원에서 암이 기적처럼 사라졌다고 했다. 그리고 그녀는 몇 년이 지난 지금까지 이렇게 살아 있는 거라고. 자신의 암이 치유가 된다면 카미노 위에서 순례자들을 위해서 봉사를 하겠다고 서원(誓願)했다고 한다. 그래서 지금 이렇게 그것을 이루고 있는 거라고. 암이 완치가 되자마자 바르셀로나에서의 생활을 접었다고 했다. 그리고 아무도 모르는 지금 이곳에 와서 봉사하며 새로운 삶을 시작한 거라고 한다. 정말 제2의 인생을 살고 있는 듯했다. 이 길이 기적의 길, 치유의 길이긴 한가 보다.

아무리 마음에 서원을 했다 한들, 사람 마음이 간사해서 잊어버리고 그냥 살아갈 수도 있다. 하지만 서원한 것을 잊지 않고 바로 행동에 옮길 수 있는 저 부부가 대단해 보였다. 그리고 동기부여가 된다. 이 사연을 듣지 않고 한국어로 쓰여 있던 방명록만 봤다면 내 기억에 있는 주인들은 까다로운 호스피탈레로에 지나지 않았을 것이다. 하지만 같은 언어로 공감할 수 있는 그들만의 사연을 듣고 나니 그들을 향한 시선이 달라지는 것을 느낄 수 있었다. 세상엔 겉으로만 보고 판단할 수 없는 것들이 너무나 많다.

이야기를 좋아하는 나는 이런 드라마틱한 인생 이야기를 들을 때 집중을 잘 하고, 마음이 숙연해진다. 영화나 드라마를 볼 때 나오는 음악은 그 상황에 대한 감정을 증폭시키는 역할을 한다. 지금 걷는 길의 풍경에 이 드라마틱한 이야기는 나의 감성을 더욱 풍부하게 해주었다. 비록 도로 옆으로 난 길을 걷고 있었음에도 불구하고 저 멀리 보이는 눈 덮인 산과 들판이 어제 머문 알베르게의 주인 부부 이야기로 더욱 아름답게 느껴졌다.

알베르트가 갑자기 화제를 바꿔 말한다. 저 산 뒤로는 끝없는 바다가 펼쳐진다고. 지난해 자신이 자동차를 타고 그 길을 따라 달려 봤다고 한다. 나에게는 비록 보이지도, 확인할 수도 없지만 그 말을 믿으며 상상을 해본다. 저 산의 조화도 아름다운데 뒤에 보이지 않는 더 멋진 바다가 펼쳐진다 생각하며 눈을 감아 본다. 그리고 느껴 본다. 그냥 모든 것이 감사하다. 이 길을 걸을 수 있다는 축복, 저런 멋진 경관을 볼 수 있다는 축복…. 별거 아닌 거 같지만, 이 모든 사소한 것에 매일매일 감사했다. 그리고 그 사소한 감사는 습관이 되어 또 다른 기적을 낳는다.

그렇게 충만한 마음으로 길을 걸어 오늘의 목적지인 만시야에 도착했다. 그리고 오늘은 공립 알베르게를 선택했다. 배낭을 정리하고, 샤워와 빨래를 마치고 오니 역시나 주방에선 알베르트가 점심을 차려 놓았다. 순례자들이 냉장고에 기부하고 간 샐러드와 스파게티로 요리를 했다면서…. 이 고마운 빚을 다 갚을 수 있는 날이 있을까?

갑자기 내리는 비 때문에 마당에 널었던 빨래를 안으로 다 걷어 놓았다. 각자의 공간에 흩어져 있던 사람들이 하나둘씩 주방에 모인다. 그리고 식사를 함께하며 자신들의 이야기를 풀어 놓는다. 이야기를 듣다 보면 서로가 친구가 된다. 비오는 날이 가져다주는 보너스 같은 거라 할까.

이곳에선 이렇게 사람들의 사연에 귀 기울이지 않을 수 없다.

사연

세상에 사연 없는 사람은 없다.

상식적으로 이해할 수 없는 사람도
'사연'이란 것을 듣고 나면
바라보는 시선이 달라진다.

나이가 들면서 하고 싶은 말이 많아지는 이유는
그만큼 살면서 축적된 사연이 많기 때문.

사연이 축적되어 스토리를 만들어낸다.
그렇게 세상엔 스토리들이 넘쳐나고
스토리를 통해 우리의 시야는 점점 넓어진다.

21 사소한 직관의 힘

🌾 Mansilla de las Mulas – León : 18.6km
(만시야 – 레온 : 18.6km)

　　　　　　　　　　이따금씩 저녁에 내리는 비는 풍경에 운치를 더한다. 하지만 아침에 내리는 비는 반갑지 않다. 시작하는 발걸음에 시동을 걸고도 몇 번이나 고민하게 만든다. 그럼에도 불구하고 일단 이 길에 발을 들여 놓은 사람이라면 비가 오나 눈이 오나 '상관없어!'를 외치며 길을 나서야 한다. 그게 바로 카미노의 정신이다. 길을 걷다가 비가 멈추면 감사한 것이고, 쨍쨍한 햇빛 아래 걷더라도 그늘이 생기면 감사한 것이다. 삶이 단순해진다. 그렇다. 이 길에서 내가 원하는 건 나무 그늘이 진 한적한 오솔길뿐이다. 하지만 안타깝게도 큰 도시로 진입하는 길에서는 흙길과 그늘길을 찾아보기 힘들다. 오늘의 목적지인 레온으로 향하는 길이 그렇다.

　외부적인 날씨와 환경적인 요인에 영향받는 감정들은 변화무쌍하기만 하다. 그 감정들은 널뛰기를 하다가 아무것도 할 수 없는 자신에 대해 초라함을 느끼게 만든다. 내가 할 수 있는 일은 자신의 감정에 세밀하게 귀를 기울이고 다독이는 것뿐이다. 궁극적으로 깊은 내면의 소리에 집중해 들으며 그 안에서 우러나오는 감정들을 조절할 수 있을 때 우리는 어느 것에도 흔들리지 않게 된다. 나를 기쁘게 하는 일이 뭔지, 행복하게 하는 일이 뭔지 찾게 되는 것 같다. 진정한 기쁨과 행복을 알게 되는 것이다. 그렇게 나 자신이 단단해지며 타인에 의해서가 아닌 '나다운' 인생을 살게 된다.

아인슈타인은 말했다. "인생의 가장 큰 비극이 무엇인가? 겉으로는 숨을 쉬고 있지만 가슴과 영혼은 이미 숨을 거둔 채 살고 있는 것이다."

나답게 산다는 건 무엇일까? 그리고 나의 심장을 뜨겁게 하는 일은 과연 무엇일까?

사람들은 언제나 햇살 가득한 평원을 지나길 원한다. 인생에서도 마찬가지다. 하지만 내 심장은 말한다. 편안하고 안정된 길보다는 비록 높은 산같이 힘든 루트일지라도 그곳을 지나가면 어떤 '가치'를 발견하게 되면 그 자체로 감사한 것이라고. 그리고 그 가치는 어디서나 찾을 수 있고 바로 나의 '내면'으로부터 나온다고. 내가 원하고 바라는 것이 바로 환하게 펼쳐지지 않더라도 어느 상황에서나 흔들리지 않는 '나만의 신념'을 갖는 것이 무엇보다 값진 것이라고. 레온으로 가는 길목에서 내 심장은 말하고 있었다.

큰 도시에 들어가면 사람들은 무엇보다 '식(食)'의 욕구를 충족시키려고 한다. 카미노를 걸으면서 음식이 입에 맞지 않아서 꾸역꾸역

버텼던 사람들에게 대도시는 '환희' 그 자체다. 음식을 선택할 수 있는 폭이 넓어지기 때문이다. 그리고 자신이 좋아하고 원하는 음식을 먹으면 어느 정도 정서가 풀린다. 정서가 풀린다는 건 묶여 있던 감정이 자유를 찾았다는 뜻이다. 내 방식으로 해석하자면 말이다.

한국 사람들에게 전부터 익히 들어온 정보 중 하나는 레온에 맛있는 중국집이 있다는 것이다. 중국 음식을 좋아하는 동행들을 구해서 같이 먹으러 간다는 것이다. 나는 어떤 나라에 가든, 그 나라의 음식 문화에 젖어서 현지인처럼 먹어 보자는 주의다. 하지만 지금 이 순간만큼은 고추장이 그립다는 것을 부인할 수 없다. 당장이라도 달려가서 나의 '식'의 문제를 해결하고 싶었다. 그런데 그보다 더 큰 장애가 나를 가로막고 있는 것이 고민이었다.

난 규모가 큰 도심으로 들어오면 정신이 혼미해진다. 그리고 나만의 트라우마가 올라온다. 바로 알베르게를 찾지 못한다는 것. 내 앞을 가던 순례자들도 도심에 들어서는 순간 내 눈앞에서 사라진다. 그들이 사라지면 난 불안감을 느낀다. 도심에서는 알베르게가 많아서 제각각 흩어진다. 그러면 난 갑자기 길 잃은 어린 양이 되는 것이다.

레온 성당 앞에 들어섰을 때 나는 또 다시 공황 상태에 빠졌다. 대도시인 만큼 성당 앞에는 여행자들을 위한 인포메이션 센터가 있었다. 그곳에서 지도를 받고 알베르게 정보도 받았다. 그런데 어찌된 일인지 어떻게 가야 하는지 도무지 감이 잡히지 않았다. 멀리 떨어진 곳에서 그저 빙빙 돌 뿐이었다. 평소 길 잘 찾는다고 자부하던 나였는데 오늘은 왜 이러지? 지도가 눈에 하나도 들어오지 않았다. 그리고 그 날따라 익숙한 순례자들도 보이지 않았다. 어쩔 수 없다. 반강제적으로 난 레온 성당이 보이는 카페에 앉아 쉬어가기로 했다.

장엄한 고딕 양식의 진수를 보여주고 있는 레온 대성당의 위용은 나를 압도했다. 예전에 레온은 로마 군대의 주둔지였다. 레온은 서고트족과 무어, 마지막으로 그리스도교의 군대에게 점령, 재점령 당하기를 반복하며 속국을 따라 자연스럽게 커 갔다고 한다. 각 시대의 양식들이 전혀 어색하지 않게 조화롭게 레온 시내 안의 성당들에 녹아 있었다. 중세 성벽을 받치고 있는 로마 시대 유적에서부터 가우디가 만든 신(新)고딕 양식까지 말이다. 이런 건축 양식들에 대해서 잘 몰랐었는데 자꾸 보다 보니 관심이 생겼다.

이 도시의 이름인 '레온'은 군단이라는 뜻이다. 6월 21일에서 30일까지 이 도시에서는 어마어마한 축제가 펼쳐진다고 한다. 산 후안과 산 페드로 축제인데 낮에는 황소 달리기를, 밤에는 콘서트와 불꽃놀이 행사가 이어진다고. 다른 건 몰라도 황소가 달리는 것은 직접 보고 싶다는 생각이 들었다.

대성당을 바라보며 카페에서 한 시간쯤 있었을까? 아직 행로를 정하지 못하고 대성당을 바라보고 있는데 누가 내 시야를 가린다. 뭔가 익숙하다. 키가 크고 잘생긴 성진이었다. 너무 반가워서 인사하고 있는데 저 멀리 익숙한 모습의 남자가 눈에 보였다. 바로 알베르트였다. 알베르트하고도 자연스럽게 이별하는 줄 알았는데, 만날 사람은 어디를 가더라도 다시 만나게 되는 법인가 보다.

아주 사소한 경험이긴 했지만 좀 놀라웠다. 간절히 원하면 우주의 원리에 의해 어떻게든 도움의 손길이 온다. 난 그 순간 숙소에 대한 생각에만 몰두를 했다. 그리고 누군가 나타나길 간절히 바랬다. 집중

후엔 그저 마음 편하게 기다렸다. 그리고 눈을 떴을 때 내 앞에 익숙한 두 남자가 동시다발적으로 서 있었다.

직관

직관이란
생각을 더하지 않고
있는 그대로를 보는 것.

정보를 바탕으로 하는 예측은
오감을 통해 갖는 느낌은
생각이라는 필터를 통해 변한다.

있는 그대로 바라보는
직관의 힘을 키우면
어떤 문제든 해결할 수 있다.

이것이 바로 직관에서 오는 답이다.

22 엄마가 다섯

🌱 León – Villar De Mazarife : 23.1km
(레온 – 비야르 데 마사리페 : 23.1km)

　　　　　　　　아무리 성격이 좋고 이해심이 깊은 사람이라 해도 한 사람과 장시간 붙어 있다 보면 불편할 때가 한두 번 찾아오기 마련이다. 특히 나처럼 같이 있는 사람의 기분을 항상 살펴야 하는 사람이라면 더더욱 그렇다. 그럴 때에는 일부러 고독 속으로 들어가는 것도 괜찮은 방법이다.

　사실 어제 레온에 도착해서 숙소를 찾지 못했을 때 캄캄한 고독감을 느꼈다. 웅장한 레온 대성당을 눈앞에 두고 말이다. 특히 유서 깊은 문화유산을 볼 때, 그리고 아름다운 풍경을 볼 때 같이 공감할 사람이 옆에 없을 때 쓸쓸함을 느낀다. 혼자 있고 싶어 고독을 선택해 놓고서도 사람을 그리워할 때가 있다. 어쩔 수 없이 사람이 가지고 있는 이중성이다.

　일주일을 넘게 같이 걸어온 알베르트와 자연스럽게 떨어질 수 있는 기회라고 생각했다. 그리고 이런 큰 도시는 알베르게도 많아서 새로운 사람들을 많이 만날 수 있을 줄 알았다. 머릿속은 그렇게 생각하고 있었는데 생각을 앞서간 건 재빠른 나의 손이었다. 와이파이가 되는 카페에서 나도 알베르트에게 메시지를 보내버렸다.

'알베르트 지금 어디야?'

'난 지금 숙소. 넌 어디야?'

'난 레온 대성당 앞 카페야.'

'기다려. 내가 지금 너 있는 데로 갈게.'

와달라는 부탁을 한 것도 아닌데 1초의 망설임도 없이 달려오겠다는 알베르트의 대답에 어떤 '의리'를 느꼈다. 그 사이에 내 앞에 우아한 자태의 성진이가 나타난 것이었다. 성진이가 이렇게 내 앞에 나타날 줄 알았다면 알베르트에게 메시지를 보내지 않았을 텐데…. 고마우면서도 이기적인 나의 마음은 어쩔 수 없나 보다.

바로 찾아간 알베르게에는 그동안 카미노에서 만났던 한국인들이 마치 약속이나 한 듯이 대거 모여 있었다. 나도 한국 분들과 함께 이야기를 해볼까 하던 찰나에 알베르트가 날 부르더니 앞으로의 일정에 대해 브리핑을 해준다. 더 적극적으로 말이다. 이제 걸어가야 할 길보다는 걸어온 길이 더 많은가 보다. 하루에 몇 킬로미터를 걸어야 하는지 구체적으로 계획을 짜고 나에게 동참할 것을 권했다. 이제 각자의 길을 갈 줄 알았던 알베르트와 더 한 단계 업그레이드된 우정으로 재회한 것이다.

큰 도시에선 만남과 이별이 더 많이 공존한다. 오늘도 독일 친구 두

명과 작별을 했다. 앞서 소개했던 청바지를 입고 카미노를 걷는 여자들이었다. 이번 순례 길에서는 이곳 레온까지만 걷고 내년에 다시 레온부터 산티아고 데 콤포스텔라까지 걷겠다고 한다. 짧은 기간이었지만 정들었던 아쉬움을 뒤로하고 알베르트와 길을 나섰다. 큰 도시를 들어올 때나 빠져 나갈 때 한참 헤매는 나다. 하지만 오늘은 알베르트가 옆에 있어 걱정할 필요가 없었다.

레온과 바로 붙어 있는 도시를 연달아 지나니 '카미노다운' 길이 나왔다. 카미노답다는 건 완전히 주관적인 표현으로 내 개인적인 견해에 따르면 나무가 심어진 흙길을 말한다. 오늘 길은 두 갈래로 나뉜다. 한쪽 길은 풍경이 별로지만 빠르고 쉬운 길이고, 다른 쪽 길은 좀 돌아가지만 풍경이 아름다운 흙길이다. 어떤 길을 선택하느냐에 따라서 오늘 목적지로 도착하는 마을도 달라진다. 알베르트와 나와 공통된 의견은 돌아가더라도 풍경이 아름다운 흙길을 걷자는 것이다. 큰 도심을 지나고 우리는 사람들이 별로 없는 흙길을 선택해서 갔다. 그 많던 한국 사람은 단 한 명도 볼 수 없었다. 갑자기 알베르트가 질문을 한다.

"한국 사람들은 다 어디로 간 거지?"

"아마 대부분 아스팔트 도로를 선택해서 갔을 거야. 한국 가이드북에서는 그 길을 추천해 주거든."

"넌 정말 한국사람 맞아?"

"그게 무슨 소리야?"

"한국 사람들은 항상 빨리 빨리 걷고 쉬운 길을 선택하잖아. 그런데 넌 매일 굉장히 천천히 걸어, 아프리카 사람들처럼…. 너 아프리카 사람이지?"

이건 분명히 성급한 일반화의 오류를 범하고 있는 것일 수도 있다. 하지만 보편적으로 생각하는 나라별 사람들의 성향이 있으니 오해하지 않았으면 한다. 그리고 특히나 알베르트는 대화 끝에 항상 날 놀릴 거리를 찾는다.

하지만 카미노에서 만난 외국인들이 한국 사람들의 특징에 대해 보편적으로 하는 말이 있다. 주위를 둘러보지 않고 빨리 빨리 걷고, 항상 한국 사람들끼리 뭉쳐 다닌다는 것이다. 난 카미노를 걸으면서 적어도 이 두 가지는 하지 않겠다고 결심했었다. 이 길은 경쟁을 하면서 가는 길이 아니기 때문이다. 물론 사정상 일정이 빠듯해서 목적지와 시간에 비중을 두고 걷는 사람들도 있을 것이다. 그리고 지금쯤 되면 걸었던 풍경도 비슷하게 느껴진다.

오늘 걷는 길에 순례자들이 많이 보이지 않아서 그런지 길이 더 외롭게 느껴졌다. 그런데 저 앞에 반가운 분들이 계셨다. 프랑스에서 오신 다섯 분의 할머니들이다. '독수리 오형제'를 연상시키며 다섯 할머니가 절대 떨어지지 않고 이 길을 걷는다. 나이가 많은데도 굉장히 씩씩하시다. 그리고 뭐가 그리 좋은지 소녀들처럼 항상 깔깔대며 웃는다. 유독 알베르트 앞에서 더 그러신다. 알베르트는 그들과 이야기를 잘 주고받다가 나에게 'five moms'(다섯 명의 엄마)란 표현을 썼다.

우리를 만날 때마다 이름이 어떻게 되고 몇 살이냐며 호구 조사를 하신다. 알베르트는 그분들이 자신한테 너무 관심이 많다며 혀를 내

두른다. 그리고 바르셀로나에 있는 자신의 엄마도 감당하기 힘든데 이 다섯 엄마는 자신에게 무리란다. 그분들은 알베르트가 무슨 말을 할 때마다 '꺄르르' 하며 즐거워한다. 나도 가끔, 나보다 어린 20대 남자 청년들을 보면 파릇파릇한 젊음에 기분이 좋아질 때가 있다. 지금 다섯 할머니들이 알베르트를 보면서 그런 기분을 느끼지 않을까 싶다. 그냥 바라보기만 해도 젊음이 느껴지는 풋풋한 기분…. 가만 보자, 알베르트 비주얼이 그 정도는 아닌데? 어쨌든 젊게 산다는 건 좋은 일이다.

그 이후에 오늘의 목적지인 비야르 데 마사리페에 도착하는 동안에는 five moms는 더 이상 마주치지 않았다. 그래도 그분들의 웃음소리는 아직도 내 귓가에 들리는 것만 같다. 이 마을에서는 순례자들을 거의 볼 수 없었다. 다들 다른 쪽 길을 선택했나 보다. 정원이 있는 알베르게는 맘에 쏙 들었다. 숙소를 정하자마자 알베르트는 시에스타를 해야 한다며 낮잠에 들어갔다. 나는 정원에 나와 빨래를 하고, 햇살을 즐기며 정리를 하기 시작했다. 그런데 갑자기 왠지 모를 쓸쓸함이 나를 찾아왔다.

내가 혼자임에 고독이 두려워지는 순간, 그때가 가장 비루함을 느끼는 순간이다.

고독

누군가 그랬다.
자유란 더 이상 잃을 것이 없는 고독한 상태를 의미하는 거라고.

외로움과 고독 ―
삶에서 피할 수 없는 것들.

고독은 나를 감싸고 있는 포장들을 벗기고
있는 그대로의 나를 알아가는 과정.

그런 과정 속에서
진정한 자유를 누릴 수 있다.

23 우리 둘만의 특별한 방

🌱 Villar De Mazarife – Astorga : 30.1km
(비야르 데 마사리페 – 아스토르가 : 30.1km)

인적이 드물었던 마을 비야르 데 마사리페. 레온에서 아스토르가까지 가는 길은 두 갈래로 나뉘어 있다. 그래서 다른 길을 선택해서 걸었다면 이 마을은 들르지 못했을 것이다. 그래서 더 쓸쓸한 기분이 들었는지도 모르겠다.

전부터 알베르트가 다음 숙소에 기타가 있었으면 좋겠다고 말하곤 했다. 알베르트는 동네에서 밴드 활동을 하고 있는데 자신은 보컬을 맡고 있다고 내게 여러 번 말을 했다. 내심 궁금했다, 노래를 얼마나 잘하는지…. '알베르트가 노래하는 걸 보면 나 반하는 거 아니야?' 신기하게도 우리가 간 알베르게에 보란 듯이 기타가 있는 것이 아닌가? 알베르트를 기다렸다는 것처럼! 이것도 끌어당김의 법칙인가?

론다 번은《시크릿》에서 이렇게 말한다.

당신의 인생에 나타난 모든 현상은 당신이 끌어당긴 것이다. 당신이 마음에 그린 그림과 생각이 그것들을 끌어당겼다는 뜻이다. 마음에 어떤 생각이 일어나든지, 바로 그것이 당신에게 끌려오게 된다.

난 어느 정도 이 '비밀'에 공감을 한다. 세상을 살다 보면 내가 원하지 않았던 일들이 생기기도 한다. 하지만 대부분은 생각하고 간절히 원하고 있으면 생각대로 되는 경우들이다. 예를 들어, 갑자기 사과가 먹고 싶은 생각이 들었다. 그런데 친구가 자신의 가방에서 사과를 꺼내서 나에게 주는 것 같은 거다. 사소한 우연 같지만 이런 상황에 세밀하게 반응하고 그것에 대해 감사하면 생각대로 이루어지는 경우가 많다.

시에스타를 즐기고 나온 알베르트는 넓은 정원에서 기타 연주를 하고 있었다. 아주 신나게! 그리고 노래를 부르기 시작했다. '역시 난 알베르트에게 반할 수 없어' 하며 확인하게 된 순간이었다. 그리고 노래를 부탁했던 게 후회되기 시작했다. 저 노래를 끝까지 다 들어줘야 하는 거잖아. 살면서 노래 솜씨가 이 정도로 형편없는 보컬은 처음 본다.

하지만 진정으로 음악을 즐기며 노래를 부르는 알베르트는 멋있었다. 우리는 꼭 잘해야만 남 앞에서 노래를 부른다는 생각이 있는데 알베르트는 그 자체를 즐기고 있었다. 꼭 노래를 잘해야만 보컬을 할 수 있다는 생각은 고정관념일 수 있다. 남의 평가에 의해서가 아니라 자기 자신이 자신 있게 보컬이라 말하며 즐길 수 있는 것… 그것이 정말 행복이겠지. 그 행복을 알베르트는 잘 알고 있는 듯했다.

몇 군데 공립 알베르게를 이용해 보니 이는 거의 학교 강당에 이층 침대를 놓고 캠핑하는 기분이다. 복합적인 소리의 향연들 때문에 잠 귀가 밝은 사람은 잠을 이루지 못할 정도다. 매트리스도 좋은 게 아니다. 자신의 침낭을 가지고 다니면서 깔고 자긴 하지만 가끔 자다가 몸이 가려운 느낌도 받는다. 침대의 위생 상태는 아예 기대를 접는 것이 낫다. 아주 오래 전 순례자들은 거의 씻지 못하고 다녔다고 한다. 지금 이렇게 씻으면서 다닐 수 있는 것도 감사해야지. 내가 깔끔 떠는 성격이었다면 아마 지금쯤 여행사가 승합차를 태워 주고 호텔에 재워 주는 편한 패키지여행을 하고 있을 것이다.

매일 8시간을 걷고 지쳐서 잠을 잘 수도 있지만, 잠이 들지 못하는 날에는 괴로워하다 아침을 맞는다. 옛날 순례자들은 어떻게 이 먼 거리를 다니면서 살았을까 싶다. 이렇게 방에 대해 구구절절 늘어놓은 이유는 2인실 알베르게를 처음 봐서이다. 이 알베르게에는 2인실과 4인실이 있는데 우리는 2인실로 방을 배정받았다. 이층침대가 아닌 곳에서 조용하게 아주 편하게 잘 수 있었다. 하지만 난 잠을 이루지 못했다. 침낭 속에 얼굴까지 넣고 잤는데도 너무 추웠다. 그리고 그동안 많은 사람들과 부대껴서 자는 게 습관이 됐는지 좀 무서웠다. 아침이 되기만을 기다렸다.

그래도 잠깐 잠깐씩은 눈을 붙였었나 보다. 아침에 일어난 알베르트는 나한테 놀리기 시작했다. 밤에 자면서 내가 말을 했다고. 난 잠꼬대 안 하는데…. 많은 무리들 속에서 자면 아니라고 변명할 수도 있지만 지난 밤만큼은 변명 따위가 통할 리가 만무했다. 일어나 보니 벽에 순례자들이 써 놓은 글귀들이 보인다. 각국의 언어로 좋은 글귀들을 써 놓은 것 같다. 그 중에 한국어도 보인다. 한국 사람들도 여기를 다녀갔었다고 생각하니 괜히 안심이 되었다. 알베르트와 아침을 먹고 또 걷기 위한 하루를 시작했다.

신비로운 하늘과 대지의 조화를 느끼면서 걷다 보니 첫번째 마을이 나타난다. 마을이 예쁘다. 멈춰서 하루 묵고 가고 싶은 심정이다. 그러기엔 하루라는 시간이 너무 많이 남았고, 오늘 별로 걷질 않았다는 사실을 깨달았다.

고풍스런 다리가 인상적인 이 마을은 오르비고라는 마을이다. 오르비고 다리는 스페인에서 가장 길고 오래된 중세 다리 중 하나로, 로마 시대에 지어진 다리를 증축한 것이라고 한다. 이 로마 다리는 카미노 상에 있는 위대한 역사적 랜드마크 중 하나다. 이 다리를 구성하는 수십 개의 아치는 사람들이 소위 '명예의 통로'라 불리는 곳을 통해 오르비고 강을 건널 수 있도록 해주었다고 한다. 이런 이름이 붙은 이유는 '성스러운 해'인 1434년에 유명한 마상창술 시합이 이곳에서 개최되었기 때문이라고.

'돈 수에로 데 키뇨네스'라는 멋진 이름의 제온 출신 귀족 기사가 아름다운 귀부인에게 송두리째 마음을 빼앗겼다. 그런데 그녀에게 모욕을 당한 후 건틀렛(갑옷과 이어진 장갑)을 바닥에 던지며, "감히 이곳을 지나가려는 기사가 있다면 누구든지 그에게 맞서 이 다리를 지키겠다"고 선포한다. 그리고 돈 수에로는 한 달 동안 300개의 창이 부러질 때까지 이 다리를 훌륭히 막아낸다. 그 이후 충실한 동료와 함께 그는 산티아고로 갔다고 한다. 사랑에 대한 집착에서 벗어난 것과 이제는 회복된 자신의 명예에 대해 감사를 전하러 말이다. 이 오르비고 다리는 무엇보다도 세르반테스에게 돈키호테에 대한 영감을 제공한 장소로 유명하다.

누구든 '이것만은 안 돼'라고 집착하는 것이 하나둘 있기 마련이다. 어떤 사람에겐 그냥 지나칠 수 있는 문제도, 어떤 사람에겐 집착이 될 수 있다. 그것은 사랑일 수도 있고, 어떤 일일 수도 있다. 집착에서 벗어난다는 것은 굉장히 어렵다. 하지만 한 번 그것을 뛰어넘으면 무척 홀가분해진다. 저 귀족 기사처럼 말이다. 뭔가에 집착하고 있다는 생각이 들면 그 순간 한 걸음 물러서서 더 큰 그림을 보면 된다. 그리고 모든 일은 그대로 놔두면 순리대로 될 거라는 믿음을 가지면 된다. 그러면 내 마음을 괴롭히는 그런 일은 일어나지 않는다. 이것이 각자가 '나답게' 살아갈 수 있는 방법이다.

언덕에서 보이는 오늘의 목적지 아스토르가의 모습은 산꼭대기 위에 지어진 요새 같은 모습이었다. 성곽으로 둘러싸여 있어 침입하기 어려웠을 거 같은 그런 모습. 멀리 언덕에서 볼 때는 굉장히 가까운 거리였는데 평지에 내려와서 걷다 보니 왜 이렇게 먼 길인지…. 어느 도시를 가면 도시인지 모르게 도시에 들어설 때가 있다. 아스토르가는 입구부터 '아스토르가에 오신 것을 환영합니다!'며 말해 주는 것 같았다.

가파른 계곡 꼭대기에 지어진 매력의 도시 아스토르가는 예전에는 강력한 아스투리아 마을이었고, 그 후에도 수백 년 동안 중요한 로마제국의 도시였다고 한다. 이곳은 산티아고 순례길의 '프랑스 길'

Camino Francés 과 '로마 길' Calzada Romana 이, 그리고 세비야와 남쪽에서 오는 '비아 데 라 플라타' Via de La Plata (스페인어로 '은의 길'이라는 뜻)와 만나는 지점이기도 하다.

  아스토르가 입구에 있는 공립 알베르게를 지나 우리는 도심 쪽으로 더 들어갔다. 활기가 있어야 할 도시이건만 공휴일이라 그런지 많은 상점들이 문이 닫혀 있었다. 메인 광장을 지나서 성당과 가우디의 건축물이 있는 박물관 옆에 위치한 알베르게로 갔다. 이곳 알베르게는 음식을 해 먹을 수가 없었다. 알베르트와 나는 짐을 풀고 나와서 도시 순회를 나섰다. 광장에 있는 식당에 가서 알베르트가 좋아한다는 파타타(감자)와 맥주를 간식으로 먹었다. 성 같은 도시인 아스토르가를 한 바퀴 돌고 와서 와인과 바게트를 샀다. 그리고 가우디 건축물 앞 벤치에 앉아서 식사를 했다. 고급스럽진 않아도 꽤 낭만적인 저녁 식사였다.

  근사하고 낭만적인 일들이 꼭 좋은 추억이 되는 것이 아니다. 때로는 소박한 것에서 충만한 행복감을 느끼기도 한다. 카미노에서 이 날이 바로 그런 날이었다.

LET IT BE

내가 할 수 있다고
변화시킬 수 있다고
최선을 다해 보지만
내 힘으로 할 수 없다는 것을 깨달을 때

좋아하게 돼서
사랑하게 돼서
나의 마음만큼 상대방에게 바라지만
그것조차 욕심이었구나 하는 것을 알게 될 때

단 한 가지 분명한 건
아등바등 애쓰지 않아도
인연이라면 어떻게든 나에게 온다는 것

그러니 LET IT BE!
순리에 맡기자

4부

힘들어도 포기하지 말아야 할 것들

 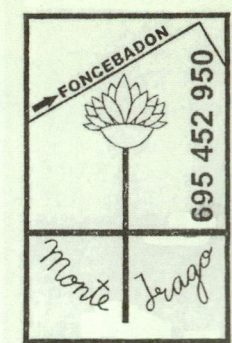 

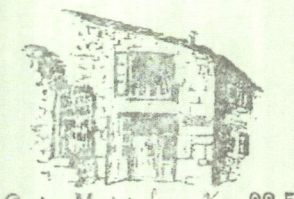  

24 경험은 나를 알게 되는 최고의 방법

Astorga – Foncebadón : 26.2km
(아스토르가 – 폰세바돈 : 26.2km)

내가 좋아하는 알코올에 대한 변천사를 이야기하자면 이렇다. 나는 원래 술을 잘 마시지 못한다. 대부분 사람들이 술을 마시기 시작하는 20대 초반, 첫사랑과 이별을 하고 그 아픔을 잊고자 친구와 소주를 마셨다. 소주는 냄새조차 싫어했었는데 그날 따라 무지하게 달았다. 누군가 그랬다. 소주가 달면 인생을 알기 시작한 거라고…. 그래서 그때 난 내가 좀더 성숙해지고 있다고 생각했다. 소주 한잔에서 오는 인생철학이다. 그 이후에도 소주를 마실 수 있을 줄 알았는데 그때뿐이었다.

20대 중반에는 와인을 마시면 괜히 멋있어 보였다. 한창 소믈리에라는 직업이 뜨려고 할 때였다. 뭔가 배우는 걸 좋아했던 나는 와인에 대해 공부를 해볼까 생각했다. 하지만 난 와인의 맛을 좋아하지 않는다. 그것도 그저 생각으로만 그쳤다.

30대 초반에 독일로 출장을 갔었다. 그곳에서 난 맥주의 맛을 알아가기 시작했다. 맥주의 본고장에서 맥주 맛을 본 이후 맥주 세계를 탐험하기 시작했다. 맥주 종류에 대해서도 호기심이 일었다. 그 이후 맥주를 마실 때는 어느 나라에서 만들어졌으며, 성분은 어떻고, 알코올 함량은 어떻게 되는지 꼭 확인하는 버릇이 생겼다. 그리곤 줄곧 맥주만 마셨다.

한국에선 와인과 친해질 기회가 별로 없었다. 좋아하는 술도 아니었다. 그런데 여기는 드넓은 포도 농원이 있는 스페인이다. 무엇보다 저렴한 가격에 맘껏 마실 수 있다. 맥주만 고집하던 나였지만 알베르트 덕에 와인과 친해질 기회가 많아졌다. 그리고 무엇보다 알베르트가 좋은 와인을 추천해 주는 바람에 와인의 참맛을 알아버린 거다. 어제 벤치에서 병으로 마셨던 와인 또한 맛과 향이 근사했다.

이것이 내가 이렇게 관심을 갖게 되리라고 생각지 못했던 알코올의 세계이다. 관심 없었던 분야라도 어떤 경험을 하느냐에 따라 관심이 생길 수 있다. 뭐든 계기라는 것이 중요하다. 술을 예로 들긴 했지만 이것도 자아를 찾아가는 한 부분이란 생각이 든다. 경험을 통해서 나와 맞는 것이 무엇인지 깨닫는 것이다.

지금은 나의 기호식품 커피 또한 그랬다. 20대에는 설탕이 들어가지 않은 커피는 입에 대지도 못했다. 커피가 한약 맛이라고 생각하던 때였다. 그런데 언제부턴지 그 쓰디쓴 커피를 내가 즐겨 마시고 있는 것이다. 아침에 커피를 마시지 않으면 하루를 상쾌하게 보내지 못하는 그런 '커피 홀릭'이 되어가고 있다.

오늘도 아침에 일어나자마자 커피부터 찾는다. 숙소 옆에 있는 카페에 갔는데 와이파이가 된다. 문명과는 단절된 삶을 살다가 이렇게 와이파이가 되는 곳에 오면 뭐라도 해야 될 것 같다. 아침부터 한국에 있는 친구와 영상 통화를 한다. 알베르트가 자신을 바꿔 달라더니 되지도 않는 말로 대화를 시도한다. 그러더니 이게 한국어라고 한다. 나를 만나기 전까지 한국에 대해 관심도 없었던 알베르트는 한국이란 나라에 점점 관심이 생긴다고 했다. 그리고 지금은 유튜브에서 남한과 북한에 관한 영상을 찾아보며 열심히 공부하고 있다고 한다. 이 관심이 언제까지 지속될지는 모르지만 가슴 한편으로 뿌듯하기만 하다.

오늘은 평탄한 길이 계속 이어졌다. 저 멀리 눈으로 덮인 산도 보이고, 무지개도 잠깐 떴다. 뜻밖의 선물을 받은 기분이었다. 그리고 그렇게 아름답고 평탄한 길이 계속될 줄 알았다. 그런데 계속 산길이 이어지는 것이다. 아주 깊고 높은 산길 말이다. 이렇게 계속 올라가다가는 하늘에 닿을 것만 같았다. 계속 산으로 올라가는 길만 있다 보니 마음이 불안해지기 시작했다. 마을이 없을 거 같은 느낌…, 그리고 밤새 걸어야 할 거 같은 두려움…. 날씨까지 음산했다. 그리고 날은 어느새 어두워지고 있었다. 그런데 광명을 만났다. 반대편 방향에서 가뿐한 반소매와 반바지 차림으로 우리를 향해 뛰어오는 한 남자를 보았다. 마을이 여기서 멀지 않았다는 뜻이다.

그렇게 30분 정도를 더 걸어 산꼭대기에 위치한 폰세바돈이란 마을에 도착했다. 저녁때가 거의 다 되어 어둠이 짙게 깔리기 시작했고 부슬비까지 내려 스산한 느낌까지 감돌았다. 마을이라고 표시되어 있기는 하지만 산꼭대기라 사람들이 살고 있을 것 같지 않았다. 알베르게를 찾아 들어가니 난로 앞에 순례자들이 옹기종기 앉아 있는 것이 아닌가. 그제서야 마음이 놓였다. 조금 기다리다가 신상정보를 적고 있는데 갑자기 호스탈레로가 침대가 없다고 한다. 순간 머리가 어질어질해지면서 기능이 정지된 것 같았다. 그런데 조금 지나 호스탈레로가 다락방이 있는데 매트만 있다고, 거기라도 머물겠냐고 물어본다. '당연하지 말입니다. 잘 때만 있다면요!'

다락방은 상상 이상이었다. 운치마저 있었다. 지금까지의 숙소 중에 최고의 숙소였다고 감히 말하고 싶을 정도였다. 매트만 여러 장 깔린 다락방에 알베르트와 나, 그리고 이탈리아에서 온 친구 줄리아만 있었다. 그 순간 마음이 힐링되는 것 같았다. 알베르트는 또 어디서 정보를 얻었는지 숙소 1층에서 마사지 서비스를 제공한다며, 내려가서 마사지를 받고 오겠다고 한다.

난 마사지 받는 것을 진짜 좋아한다. 방콕에 갔을 땐 몸이 녹아내릴 정도로 일주일 동안 매일매일 마사지를 받았던 나였다. 이 기회를 그냥 놓칠 순 없다. 알베르트가 일단 자신이 마사지를 받고 나서 말해주겠다고 한다. 그 사이 난 다락방에서 혼자만의 시간을 만끽하고 있었다. 한 시간 후에 돌아온 알베르트가 말했다.

"내가 그동안 경험하지 못했던 마사지였어. 아주 특별한 경험이고, 한번쯤은 해도 좋을 마사지야. 그런데 넌 어떻게 받아들일지 모르겠어."

뭔가 애매한 말이다. 뭐든 내가 경험하지 않으면 안 된다. 그저 상대방의 말만 듣고는 판단할 수 없다. 난 바로 1층으로 향했다. 많은 매트 중에 한 쪽에 마사지사가 앉아 있었다. 그가 시키는 대로 편안하게 누웠다. 그리고 눈을 감았다. 뭔가 내 발 주위를 조이는 듯한 느낌이 들었다. 그러고는 갑자기 내 몸이 천정 쪽으로 들리는 것이 느껴졌다. 피로를 풀어 주는 뭔가를 하겠거니 생각을 하고 있었는데 내 발이 천정에 매달린 끈에 들려 서서히 몸이 올라가고 있는 것이었다. 묶인 발이 위로 다 올라가자 내 몸은 결국 거꾸로 매달려 있는 형국이었다. 잠깐 전신에 피를 돌게 하려나 보다 생각하고 있었는데 마사지사란 작자는 한참을 그렇게 놔두었다. 난 감고 있는 눈마저 뜰 수가 없었다. 뭔가 이상하다는 생각이 든 것은 숙소로 들어왔던 사람들의 말소리를 똑똑히 들었을 때였다.

"Oh my god! I don't want to do that." (이럴 수가! 난 저거 안 할래.)

뭔가 보기에도 이상한 모양새임에는 틀림없었을 것이다. 하지만 난 거꾸로 매달려 있어 꼼짝달싹 못했다. 그리고 몇 십 분이 지나서 나는 땅으로 내려올 수 있었다. 마사지로 나의 영혼이 털리는 느낌이었다. 뭔지 모르겠지만 피가 거꾸로 솟고 정신이 몽롱해져서 다락방으로 겨우 다시 올라올 수 있었다. 한 시간 전 알베르트가 하는 마사지를 구경하러 내려왔더라면 선택하지 않았을 거다. 무슨 일이 있었던 거지? 정말 내 생애 가장 특별한 마사지였음에 틀림없다.

카르페디엠

현재를 즐겨라.
어떤 나이든 두려울 것이 없다.
나중에 돌아봤을 때 지금이 가장 좋은 때 —
망각하지 말 것!

25 과거에 대한 후회는 그만하자

🌾 Foncebadón – Ponferrada : 26.9km

(폰세바돈 - 폰페라다 : 26.9km)

　　　　　　　　아주 특별한 거꾸로 마사지도 경험했겠다 운치 있는 다락방에서 잠도 잤겠다 몸이 가뿐하지 않을 이유가 없다. 어제는 오르막길만 와서 산꼭대기로 왔으니 오늘은 내리막길만 있을 것이다. 그런데 난 안다. 오르막길보다 내리막길이 더 힘들다는 것을….

　아침에 거울 앞에서 선크림을 바르며 나만의 의식을 치르고 있는데 어제 다락방에서 함께 잔 줄리아가 말한다. 누구한테 잘 보이려고 화장을 그렇게 하냐고. 강하게 내리쬐는 스페인의 태양을 피할 순 없지만 할 수 있는 건 다 해보려 한다. 최소한의 피부 보호는 해야겠기에. 나는 말한다. 태양을 좋아하는 너희들은 모를 거라고. 하얀 피부를 갖고 싶어하는 나의 간절한 바람을 말이다.

산꼭대기라 그런지 뭔가를 살 수 있는 마트도 없었다. 하지만 소소한 아이디어가 돋보이는 것이 있었다. 산길 중턱에 뭔가 놓여 있어 봤더니 바나나, 사과 등이 있었다. 그리고 도네이션이라고 적어 놓았다. 알베르트는 도네이션 박스에 돈을 넣고 바나나 두 개를 집는다. 그리고 나에게 하나를 준다.

밤 사이에 많은 비가 내렸다. 산등성이에 자욱하게 걸려 있는 안개가 그림처럼 멋있다. 산을 내려가는 길은 탄성을 자아내는 풍경들이 쉴새없이 펼쳐진다. 나는 내려가는 길이 힘들지 않았지만 알베르트는 원래 무릎이 안 좋아서 내려가는 길이 고통스럽다고 한다. 그래서 아주 천천히 걷고 있다. 난 보통 걸음으로 걷는데 알베르트가 천천히 걷는 것과 속도가 같다. 그래서 어쩔 수 없이 앞서거니 뒤서거니 하며 같이 산길을 내려왔다. 내려오는 길에 보이는 마을은 장난감 세트처럼 아기자기하고 예뻤다. 이런 풍경들을 놓칠세라 눈에 한껏 담아 놓고 있는데 어느덧 평지가 보이기 시작했다. 알베르트가 평지를 만나니 다시 빛의 속도로 걸어가기 시작했다. 난 언제나 한결같이 나만의 속도로 뚜벅뚜벅 걸어갔다.

혼자 있을 때 다른 사람들과 대화할 수 있는 기회가 많아진다. 혼자 걷고 있으니 지나가는 사람마다 인사를 한다. 그리고 내 뒤에서 오던 남자가 빠른 속도로 나에게 다가오며 사진을 같이 찍자고 한다. 이 길에서 만나는 모든 사람과 사진을 찍고 있다고 했다. 이탈리아에서 온 친구다. 몇 명의 사람들이 저 안에 담겨 있을지 갑자기 궁금해졌다. 그런데 그는 사진을 찍더니 인사를 하고 바람과 같이 사라진다. 나는 발걸음이 물에 젖은 솜 같은 반면, 그 친구는 날아다니는 새털 같다.

어느덧 중간 마을에 다다르고 강 위의 다리를 건너야 했다. 많은 사람들이 나를 앞질러갔다. 더 뒤에 오는 사람들이 나를 앞지르고 갈 때가 됐는데 사람들이 보이지 않는다. 쓸쓸하게 다음 마을까지 걸어야겠다고 생각하고 있을 때 다리 밑으로 보이는 카페에서 누군가 큰 소리로 내 이름을 부른다. 알베르트였다. 그리고 어제 함께했던 줄리아도 있었고, 앞서갔던 사람들이 다 앉아 있었다. 나는 그곳으로 내려갔다. 세계 각국에서 온 사람들이 모여 이 길을 걷게 된 계기와 길 위에서 겪은 에피소드를 풀어놓고 있었다.

줄리아는 캐릭터가 좀 특이했다. 이탈리아 피렌체에서 왔는데 이 길을 오기 3일 전에 사랑하는 사람한테 고백을 받았다고 한다. 하지만 비행기를 끊어놔서 어쩔 수 없이 왔다고. 줄리아는 길을 걷는 내내 항상 통화를 하고 있었다. 길에서 마주칠 때 몇 번이나 본 것 같다. 그래서 궁금했었는데 이제야 의문이 풀렸다. 사랑하는 사람은 여자라고 했다. 그러면서 사진을 보여준다. 나에게 사랑은 아름다운 것이라며 사랑을 하라고 충고를 한다. 그런 줄리아는 채식주의자다. 그리고 동물들을 끔찍히 사랑한다. 채식주의자라는 것에 알베르트와 공통점이 있었다.

생장에서 시작해서 걸었던 줄리아는 중간에 눈을 만났다고 했다. 하늘에서 내리는 눈 말이다. 그래봤자 나랑 비슷하게 출발했을 텐데 신기했다. 눈 때문에 길을 잃어서 앞으로 갈 수가 없었다고 했다. 그래서 다시 생장으로 눈물을 머금고 돌아갔다고 했다. 그리고 다시 처음부터 걷기 시작했다고 한다.

고 프로(미국 카메라 브랜드)를 들고 다니며 만나는 사람마다 사진을 찍는 이탈리아 남자의 이름은 알렉스였다. 알렉스도 카미노를 걷는 중에 길을 잃었다고 한다. 그러다가 큰 길로 나가서 다행히 어떤 트럭을 만났다고 했다. 그 트럭 뒤에 타고 아주 신나는 모험을 했다며 그때 찍은 영상들을 보여준다. 노란 화살표만 잘 따라다니면 되는데 어떻게 하다 길을 잃었는지 이해가 잘 되지 않았다. 그런데 생각해 보니 나도 길을 잃어버렸던 적이 있었다. 그래서 왔던 길을 다시 돌아가서 다른 길로 갔었다. 참! 그 무엇도 자신할 수 없는 게 길이고 인생이다. 그리고 저마다 사연이 없는 사람들이 없다. 가만 이야기를 듣다 보니 다른 사람들에 비하면 난 운이 좋았던 것 같다.

나는 지나간 일에 대해 후회하는 성격이 아니다. 하지만 어떤 선택으로 인해 결과적으로 좋지 않았을 때 '다른 선택을 했으면 어땠을까?' 하고 생각하게 된다. 이건 누구든 마찬가지일 거다. '다르게 행동했더라면 내가 원하는 것들이 내 손에 주어졌을까? 아니면 지금과는 다른 결과가 나왔을까?' 끊임없이 생각하게 된다. 그런데 결론은 매한가지다. 다르게 행동을 하더라도 결국에 나에게 올 것은 오고, 오지 않을 것은 어떤 방법으로든 비켜 간다는 것이다. 그러니 모든 일들에 후회하지 말자는 것. 그렇게 생각하면 마음이 좀 편해지고, 더 폭넓게 인생을 바라볼 수 있다.

《아주, 조금은 없다》에서 저자 권미선은 이렇게 말한다.

> 인생을 거쳐 오며 우리가 어떤 선택을 하더라도 결국은 지금 이 자리, 지금 이 모습일지도 모른다고. 선택이라는 건 부차적인 것일 뿐, 나라

는 사람은 결국 나라는 사람의 길을 갔을 것이라고. 그러니 후회 같은 것을 하면서 뒤를 돌아봐야 아무 소용이 없다고. 그랬더라면 달라졌을 거라는 건, 현실에서 벗어나고 싶은 바람이 만들어낸 허상일 뿐이라고.

갑자기 좀 뒤긴 했어도 이들의 이야기를 들으면서 후회라는 단어가 떠올랐다. 그러면서 이런 생각을 하게 됐다. 어쨌든 다들 예상치 못한 경험들을 하나씩 갖고 있는 듯하다. 인생에서고, 이 길에서고…. 예상치 못한 상황들이 맞닥뜨렸을 때 조금 당황스럽긴 해도, 그걸 어떻게 받아들이느냐에 따라 앞으로의 인생과 길이 정해진다.

또 한 가지 덧붙이자면 인생이고 길이고 쉬었다가 다시 가려면 힘이 두 배 든다. 거기에 알코올이 들어가면 더더욱! 그냥 그 자리에 주저앉고 싶은 기분이 든다. 하지만 오늘의 목표점이 있으니 나아가야 한다. 그럼에도 불구하고….

너무 많이 쉬었다 가려니 다음 마을까지 가는 길이 더 힘들었다. 오늘도 그렇게 늦은 시간에 폰페라다 마을에 도착했다. 입구에서 제일 먼저 눈을 사로잡은 건 성곽이었다. 거기엔 템플기사단의 흔적들이 고스란히 남아 있었다. 성을 총총한 걸음으로 둘러보고 하루를 마감한다.

만약 그때

세상에 완벽한 인생이 없는 것처럼
완벽한 여행의 루트는 없다.

인생이든, 여행이든
나만의 속도와 방향으로 가는 것이
가장 좋은 루트다.

만약 그때 이렇게 했으면 어땠을까?

지나간 일에 대해 아쉬움이 남는다는 건
그 시간을 기억할 만한 추억이 존재한다는 것.

어디를 가든, 누구를 만나든
조금의 아쉬움을 남겨두는 것은 괜찮다.
두고두고 꺼내볼 수 있는 추억이 될 수 있기에….

26 아픔은 자신을 단단하게 한다

🌾 Ponferrada – Villafranca del Bierzo : 24.5km
(폰페라다 – 비야프랑카 델 비에르소 : 24.5km)

폰페라다에서 도네이션으로 운영되는 공립 알베르게에 갔다. 도착했을 때 많은 사람들이 야외 벤치에 나와 자신만의 시간을 즐기고 있었다. 그 중에 아주 낯익은 사람이 있었으니… 알베르트가 또 다시 기타를 치며 노래를 부르고 있는 것이었다. 이곳 알베르게도 수도원이나 학교를 개조해서 만든 분위기였다. 나는 스무 개의 침대가 있는 방에 배정되었다. 2층 침대 중 2층이었다. 알베르트는 나를 따라 들어온다. 내 침대를 확인하고 가더니 잠시 뒤에 와서는,

"우리 방에 내 침대 위에 있는 애가 갑자기 퇴실한다고 하는데 그쪽으로 올래?" 이런다. 알베르트가 있는 방은 4인실이었다. 짐도 어느 정도 풀어놔서 솔직히 귀찮았다.

"아니, 난 괜찮아. 그냥 여기 있어도 돼."

하지만 알베르트는 내 의견은 중요하지 않다는 듯이 호스피탈레로에게 가서 나를 대신해 모든 일을 진행해 놓고, 내 배낭까지 새 방으로 친절히 옮겨 주었다.

난 어떤 일이 나에게 닥칠 때, 그것을 어떻게 바꿀까 생각하기보다 그냥 수긍하는 편이다. 그리고 내 맘 편하게 해석한다. 그런데 이 친구는 어떤 상황에서 뭔가 주저하지 않고 적극적이다. 생각보다는 행동이 먼저 나간다. 그렇게 난 타의에 의해 20인실에서 4인실로 옮기게 되었다.

옮긴 방에는 나이가 지긋한 한국인 부부가 있었다. 오랜 세월 해외에서 주재원으로 근무하다가 이제 막 여행을 시작했다고 한다. 알베르트는 그분들과 대화를 하더니 너무 좋다고 한다. 그분들도 알베르트에게 멋진 청년이라며 칭찬을 한다. 그 옆에서 대화를 지켜보고 있는 나는 흐뭇한 미소를 짓는다. 어쨌든 좋은 사람들과 만나 대화를 하는 건 행복한 일이다.

그런데 난 이상하게 밤새 잠을 이루지 못했다. 공기가 좀 덥게 느껴져서일까? 생각할 거리가 많아서일까? 아니면 여기 베드버그가 있는 걸까? 몸이 계속 가려웠다. 한번 베드버그에 대한 생각이 드니 두려움이 엄습했다. 당장이라도 일어나서 확인하고 싶었지만 여기는 4인실이다. 일어날 수가 없다. 갑자기 프란츠 카프카의 《변신》이란 소설이 떠올랐다.

소설 속 주인공 그레고르는 잠을 자다가 어느 날 아침 불안한 꿈을 꾸고 깨어났다. 그런데 자신이 끔찍한 해충으로 변해 있었다. 그 이후

가족들과 겪는 갈등에 대한 소설이다. 그런데 갑자기 왜 그게 떠올랐는지 모르겠다. 느낌은 이상한데 침낭 안에 갇혀 이러지도 저러지도 못하고 있었다. 그리고 일어난다고 해서 딱히 뭔 방법이 있는 것도 아니었다.

'그래, 조금만 참자.'

독일로 출장을 갔을 때였다. 10일 동안 일을 하고 동료들은 한국으로 돌아가고 나만 남겨졌다. 나는 다른 곳으로 가야 했기 때문이다. 그리고 난 숙소를 옮겼다. 그런데 새 숙소에 들어서는 순간 내 손 등에 뭔가 오돌토돌한 게 있는 걸 발견했다. 너무 가려웠다. 그 흔적은 삽시간에 내 온몸에 번지기 시작했다. 손등에서 시작되었던 것은 팔로, 목으로, 다리로 내 몸 전체를 강타하기 시작했다. 온몸이 가려웠지만 가지고 있는 약도 없었고, 그 숙소에는 한국 사람도 없었기 때문에 너무나 무서웠다. 나중에 알게 됐는데 그게 베드버그에 물려서 그런 것이라 한다. 회사에서 잡아준 4성급 호텔에서 머물렀었는데, 나중에 떠올려 보니 침대 시트에 핏자국 같은 게 있었던 것 같았다. 이로 인해 나는 거의 일주일을 고생했다. 그 이후로는 어디를 가든 침대 시트를 일일이 다 확인을 한 다음에 짐을 푸는 버릇이 생겼다.

시간이 조금 지나니 사람들이 일어나기 시작한다. 나도 이때다 싶어 얼른 일어났다. 불을 켜고 내 몸을 먼저 확인했다. 다행히 밤새 내 몸에는 아무 일도 일어나지 않았다. 안도의 숨을 내쉰다. 그저 방 안의 온도가 평소보다 높아서 그런 느낌이 들었나 보다. 역시나 한국인 부부는 재빠르게 채비를 하더니 새벽 일찍 출발했다. 덕분에 우리도 평소보다 이른 시간에 출발할 수 있었다.

  어느 도시나 낮과 밤이 주는 느낌은 다르다. 또 새벽을 맞이하는 느낌은 더욱 다르다. 그렇게 우리는 짧은 시간에 도시가 주는 다양한 느낌을 충분히 느끼고 떠난다. 또 다른 도시가 주는 느낌을 받으러….

  폰페라다를 새벽부터 나선 탓에 정오가 되기도 전에 우리는 다음 마을에 도착했다. 축제와도 같은 분위기가 한창이어서 봤더니 시장이 열리고 있었다. 여러 종류의 음식들을 팔고 있었다. 그 중에서 알베르트는 치즈 케익과 츄러스는 꼭 먹어 봐야 한다고 한다. 솔직히 난 디저트를 좋아하지 않는다. 단것은 더더욱…. 하지만 나는 내색을 하지 않고 같이 공원 벤치로 가서 초코 시럽에 츄러스를 찍어 먹고 거기에 치즈 케익까지 먹었다. 그런데 입에 넣는 순간 뭔지 모를 행복감이 느껴졌다. '이래서 사람들이 피곤할 때 단 걸 찾는구나' 생각했다. 지금 이 순간 무엇보다 나는 시에스타가 절실한 사람이었다. 하지만 이내 길을 다시 걸어야만 했다.

  이름도 쉽지 않은 '비야프랑카 델 비에르소' 마을 입구에는 산티아고에서 가장 오래 되었다는 알베르게가 있다. 거기에 머무르는 것도 좋다고 생각을 했었는데 알베르트는 무조건 더 가야 한다고 한다.

  산을 둘러싸고 강이 흐르는 이 마을은 멋있었다. 마을 중심부에서는 사람들의 긴 행렬이 이어졌다. 아마도 누가 결혼식을 하는 것 같았다. 신부는 머리에 화관을 쓰고 어떤 집 앞에서 사람들은 모여 음악에 맞춰 춤을 추고 있었다. 세상의 행복을 다 가질 것만 같은 시간이 아닐까 생각해 본다. 그리고 진심으로 축복을 빌어 본다. 모르는 사람이

긴 하지만….

　인생을 살면서 불행이 계속될 리 없고, 행복 또한 영원하지 않는다고 생각한다. 그럼에도 불구하고 어느 한 사람에게 축복이 있을 때는 한꺼번에 가는 듯하다. 세상에 있는 축복은 모두 그 사람인 것인 양 말이다. 하지만 그 축복도 영원하지 않다. 각자 자기 몫대로 삶에서 아픔이란 것도 수반하기 마련이다. 아픔이 없는 사람은 없다. 동그라미가 되었든, 세모가 되었든, 네모가 되었든 각자에게 오는 모양이 다를 뿐이다.

　살면서 이렇게 넘칠 만한 축복을 받은 적이 나한테 있었는지 잠시 생각해 본다. 축복을 받은 적은 분명 있다. 하지만 세상 전부를 가진 것 같은, 넘칠 만한 축복은 아직 오지 않은 듯하다. 그 축복은 아마 내가 결혼할 때쯤 한꺼번에 올 것 같다. 그 축복이 온다면 난 온전히 누리고 감사할 것이다. 그 축복된 날이 곧 올 것이고 지금도 기다린다. 이런 기대감이 하루하루 살아가는 버팀목이 된다면 마땅히 가져도 되는 희망임에 틀림없다. 그리고 그 희망은 곧 현실이 될 것이다.

　아픔에 관해서는 참 단단해졌다. 몰라볼 정도로 아픔을 다루는 방법이 능숙해졌다고나 할까? 하지만 다시는 아픔이란 것을 마주하고 싶지 않다.

　아침 일찍 출발해서일까. 평소보다 무척 이른 시간에 알베르게에 도착했다. 우리가 일등이었다. 여유롭게 샤워를 마치고, 짐을 풀고 우리는 마을 구경에 나섰다. 공휴일이어서 대부분의 상점과 레스토랑이 문을 안 열어서 뭘 먹을 수도, 살 수도 없었다. 스페인이란 나라는 공휴일도 많고, 시에스타도 있고 살기에 좋은 나라인 것 같다. 바깥에서 보는 스페인은 경제가 어렵다고들 하는데, 안에서 보는 스페인 사람들은 그저 평화롭게 잘 사는 것처럼 보였다.

  마을 구경을 마치고 알베르트는 강 옆에서 시에스타를 즐기고 오겠다고 한다. 나는 숙소로 돌아와서 무리지어 온 한국 사람들을 만났다. 그리고 마드리드에서 왔다는 두 명의 아저씨, 호세와 토마스와 인사를 나누었다.

시장 풍경

그 나라의 문화를 이해하기 위해서는
시장에 가보라는 말이 있다.

그곳에 살고 있는 사람들에겐
평범하고 지루한 일상일 수도 있지만
여행자들에겐 새로움이 가득한 곳

지친 일상의 사람들과
새로운 여행자의 표정이 대조되는 곳

눈빛만으로도
현지인인지 여행자인지 알아볼 수 있는 곳

사람들의 심장이 살아 숨쉬는
시장풍경

27 부러우면 지는 거다

🌾 Villafranca del Bierzo – O Cebreiro : 30.1km
(비야프랑카 델 비에르소 – 오세브레이로:30.1km)

숙소엔 한국인 친구들 무리, 어제 인사한 마드리드에서 온 호세와 토마스 아저씨, 그리고 알베르트와 내가 전부였다. 아침에 다들 외관에서 풍기는 인상이 '나는 산티아고에서 제일 오래된 알베르게에서 묵었소'라고 말하고 있는 것 같다. 삼삼오오 모여 숙소에서 아침을 먹고 하나둘씩 인사를 하고 출발했다. 산과 강으로 둘러싸여 예쁜 이 마을을 떠나야 한다. 스타트는 호세와 토마스 아저씨가 찍었다. 그 다음은 우리였다. 우리는 한국 사람들에게 인사를 하고 길을 나섰다.

나만큼이나 좋아하는 사람과 싫어하는 사람에 대해 '호불호'가 강한 알베르트가 이곳에서는 이상했다. 보통 마드리드나 스페인 남부에서 왔다고 하면 대화를 해보지도 않고 싫어했다. 하지만 호세와 토마스 아저씨에겐 굉장히 호의적이었다. 그리고 심지어 아저씨들에 대해 너무 좋다고 칭찬을 했다. 귀가 얇은 나는 또 그렇게 그 아저씨들이 좋아졌다.

걷다가 맨 처음 보이는 카페에 들렀다. 그곳에 일등으로 출발했던 호세와 토마스 아저씨가 있었다. 호세와 토마스의 사연은 남달랐다. 5년 전부터 호세와 토마스는 카미노를 걸었다고 했다. 그런데 그때 같이 걸었던 친구가 이 길에서 죽음을 맞이했다고 한다. 그 이후로 그 친구를 기리기 위해 날짜에 맞춰, 짧은 시간이라도 내서 이 길을 걷는다고 했다. 그렇게 매년 5일에서 7일 걷는데 이렇게 만난 것이다. 이번 해에는 아스토르가에서 시작해서 사리아까지만 걷고 집으로 돌아간다고 했다. 내년에는 사리아부터 마지막 종착지인 '산티아고 데 콤포스텔라'까지 걷게 될 거라고 한다. 카미노에서 죽음을 맞이한다는 것! 영화에서나 볼 법한 일이라 생각했는데 실제 있었다고 생각하니 갑자기 두려움과 숙연함이 몰려온다. 실제로 카미노를 걷다 보면 길 중간 중간에 비석이나 십자가가 있는 것을 볼 수 있다.

알베르트와 둘만 다니다가 오랜만에 동행이 생겼다. 호세와 토마스는 뼈 속까지 친절한 분들이었다. 이들은 스페인의 문화에 대해 아주 친절하게 설명해 주었다. 토마스는 자신의 딸과 아들 사진을 보여주며 자랑하기도 했다. 걷다 보니 한국 국기가 있는 레스토랑이 보였다. 거기에 한국 음식들도 있었다. 너무 반가웠다. 나 또한 호세와 토마스에게 한국의 문화에 대해 설명해 주기도 했다.

걷다 보니 여기부터는 스페인이 아니라 '갈리시아 지방'이라는 표시가 있다. 스페인도 땅이 큰 만큼 각 지방마다 지역색이 다르다. 앞서 말했듯이 크게 네 부분으로 나눌 수가 있는데 바르셀로나가 있는 카탈루냐 지방, 남쪽 지방인 안달루시아 그리고 북쪽 갈리시아 지방과 수도가 있는 마드리드 지역이다. 각 지방별로 대략적인 문화를 보자면 카탈루냐 지방은 프랑스 영향을 많이 받아 불어권 문화가 짙고, 안달루시아는 오랜 세월 아랍의 지배를 받았기 때문에 아랍 문화의 색채가 강하게 남아 있다. 그리고 갈리시아는 셀트 족의 영향이 아직도 짙게 배어 있으며, 마드리드 지역은 이 모든 문화에 로마 시대 문화까지 가미된 혼합 문화라고 할 수 있다.

갈리시아 지방부터는 바다가 가까이에 있어 해산물이 유명하고, 길에 소똥이 많다는 얘기를 들었다. 그리고 날씨를 종잡을 수 없고 비가 많이 온다고 했다. 그래서 마른 땅이 없다고…. 걷다 보니 길 위로 펼쳐진 젖어 있는 땅과 소똥들이 그 말을 실감나게 해주었다.

이제는 어쨌거나 걸어가야 할 길보다는 걸어온 길이 더 많은 시점이다. 빨리 '산티아고 데 콤포스텔라'까지 도착하고 싶은 마음 반, 길이 영원히 지속되었으면 하는 마음 반이었다. 그런데 몇 킬로미터 남았음을 알려주는 표식 위의 숫자가 갑자기 확 줄어들었음을 깨달았다. 처음 시작했을 때는 $800km$가 넘는 거리였었는데…. 그리 숫자에 민감하지 않은 나였는데 갑자기 울컥해진다. 그리고 $1km$, $1km$가 남다르게 다가온다.

이 날 목적지인 오세브레이로까지 가는 길은 오르막이 가팔라서 발걸음이 유달리 무겁게 느껴졌다. 전에 산꼭대기에 있었던 폰세바돈보다 훨씬 더…. 이 오르막이 언제 끝나나 할 때쯤 산등성이에 자리한 마을이 보였다. 도착하기 전엔 끝이 안 보일 것처럼 힘들어도 마을에 도착해 배낭을 풀고 나면 언제 그랬냐는 듯 마음속에 평화가 찾아온다. 그리고 그것을 알기에 다음 여정이 힘들 것을 알면서도 발걸음을 내딛을 수 있는 것이다. 딱 내가 견딜 수 있을 만큼, 거기까지다. 그리고 모든 일에는 길이 있음을 안다.

산 중턱에 위치한 오세브레이로는 한적한 마을이라 특별히 구경할 만한 것이 없는 듯했다. 그래도 알베르트와 나는 마을 산책에 나섰다. 산책 중간에 알베르트가 갑자기 오늘은 '하와이안 샐러드'를 해주겠다고 제안한다. 채식주의자인 알베르트와 다니면서 세상 모든 종류의 샐러드를 다 먹어 보는 것 같다. 같이 재료를 사러 갔다 와서 나는 오랜만에 낮잠을 자기로 했다.

얼마나 잠을 잤던 것일까. 사람들이 모여 웅성거리는 소리가 들린다. 깨어 보니 밖은 이미 컴컴했다. 오랜만에 깊은 잠을 잔 것 같다. 잠이 덜 깬 채로 식당에 갔다. 카미노에서 이제까지 만났던 한국 사람들이 모두 식당에 모여 있는 것 같아서 깜짝 놀랐다. 20대의 젊은이들이 십여 명 앉아 있었다. 더 놀랐던 건 그 앞에서 알베르트가 샐러드를 만들고 있었는데, 청년들이 뭔가를 관람하듯 알베르트의 일거수일투족을 주시하고 있었다. 알베르트는 꽤나 그것을 즐기고 있는 듯했다. 어설픈 한국어를 하면서…. 남자들이 대부분이었던 그 무리에 오늘은 한국인 자매가 있다. 전에 몇 번 마주치기도 했는데 자매들이 서로 말한다.

"언니, 너무 부러워요. 우리는 우리가 음식을 해서 이 친구들한테 갖다 바치는데…."

"아, 부러우면 지는 건데… 그런데 어쩔 수가 없네요."

거기에 남자들까지 한마디씩 합세했다.

"누나 완전 공주 대접받는데? 아무것도 안하고."

"누나, 쟤 완전 요리 잘해! 좋겠다!"

잠이 덜 깬 상태에서 폭풍 관심을 받았다. 주목받는 것에 익숙하지 않은 나라서 민망함에 몸 둘 바를 몰랐다. 그리고 혼자 흥얼거리며 샐러드를 만들고 있는 알베르트에게 미안함이 몰려온다. 자의 반, 타의 반 어색함을 깨기 위해 말한다. 영어도 한국어도 아닌 스페인어로….

"뿌에도 아유다르떼? ¿Puedo ayudarte?" (내가 도와줄까?)

민망한 순간에 스페인어가 튀어나오는 걸 보니 이런 순간을 많이 만들어야겠다. 그러면 스페인어를 잘 할 수 있으려나? 알베르트는 도와줄 거 없다며 와서 맛있게만 먹으라 한다. 그리고 나는 열 명의 한국 청년들이 보는 앞에서 알베르트와 하와이안 샐러드로 저녁 식사를 해야만 했다.

"너희들은 저녁 식사했어?"

"네, 일찍 먹었죠."

'그럼 일찍 들어가서 쉬어!'

라는 말이 목까지 나왔는데 차마 그 말을 할 수는 없었다. 그리고 그들은 우리가 식사를 마칠 때까지 그 자리를 떠나지 않았다.

친구

같은 국적, 성별, 나이…
같은 것에 느끼는 동질감
꼭 그것이 아니어도 좋다.

서로에 대해 '통함'이 느껴지는 순간
마음이 열리고, 우리는 친구가 된다.

그렇게 친구라고 부를 수 있는 사람들이
조금은 많아졌으면 하는 소망…!

마음을 나눌 수 있는 사람들이
많아지는 것일 테니.

28 지금 이 순간에 집중해서 사는 힘

O Cebreiro – Triacastela : 20.7km
(오세브레이로 – 트리아카스텔라 : 20.7km)

평지의 도시에서 잠을 자는 것보다 산 속 시골에서 잠을 자는 것이 좋다. 산 중턱에 위치한 오세브레이로 알베르게에서도 편안하게 잠을 잘 잔 것 같다. 잘 잔다는 건 정말 중요하다. 불면증에 시달려 본 사람은 안다. 넓은 공간이었지만 침대가 칸막이로 되어 있어서 더 좋았다. 새벽부터 움직이는 사람들의 소리가 하나둘씩 들린다. 그런 소리에도 일찍 일어나지 않는 나는 뭘까? 항상 최대한 끝까지 남아 있다가 출발하니 말이다.

사람들이 하나둘씩 출발하고 마지막까지 남아 있다 보면 기분이 약간 쓸쓸해진다. 일찍 일어나서 나선다면 그 쓸쓸함은 줄어들겠지만 나는 그렇게 하지 않는다. 알베르트의 익살처럼 나는 '아프리카에서 온 여인'이기 때문이다. 급할 것도, 서두를 것도 없이 그저 천천히 출발하고 천천히 걷는 순례자… '오늘 안에만 도착하면 되지' 하는 마인

드의 소유자…. 어쩌면 그동안의 삶이 너무 빨리 달리기만 해서 이곳 카미노에서는 그러고 싶지 않은 마음이 큰 것 같다.

그래도 의리의 알베르트는 나를 기다렸다가 출발을 한다. 어제 먹다가 남은 하와이언 샐러드 때문인지도 모른다. 어제 요리를 많이 해서 오늘 아침까지 배불리 먹을 수 있을 정도였다. 그리고 우리는 역시나 마지막으로 출발을 한다. 오세브레이로도 굉장히 힘들게 올라온 산이었는데 아침부터 올라가는 길이다. 하지만 산 정상에서 펼쳐지는 풍경은 탄성을 자아내기에 충분했다. 어디든 위에서 내려다보는 풍경은 아름답고 장관이다.

앞으로 펼쳐질 풍경은 어떤 풍경일지 모른다. 그러니 눈에 많이 넣어둬야 한다. 인생도 마찬가지다. 앞으로의 인생에 어떤 일이 어떻게 일어날지 모른다. 다만 내가 할 수 있는 것은 내가 걸어야 할 거리를 걷는 것이고, 내가 해야 할 일을 그때그때 집중해서 최선을 다하는 것이다. 그렇게 하다 보면 인생 전체를 바라보게 되는 날이 온다. 전체를 바라봤을 때 그동안 일어난 일에 대한 이유를 알게 되고, 감사를 할 수 있는 날이 온다. 순간순간 집중해서 열심히 살았기 때문이다. 그러니 미리 앞서 미래에 일어날 일에 대해 궁금해하지도, 괜한 걱정으로 시간을 낭비하지도 말자. 지금 나에게 주어진 이 시간, 바로 지금을 온전히 살자. 사랑해야 할 것들은 맘껏 사랑하고, 품어야 할 것들은 힘껏 품자. 더 이상 아니라 한다면 내가 생각한 시점에서 그냥 놔주자. 그만큼 최선을 다했으면 됐다. 지금 이 순간, 나 자신에게 해주고 싶은 말들이다.

사람마다 '빨간 버튼'이 눌러질 때가 있다. 빨간 버튼이 눌러질 때는 내가 참지 못하는 어떤 임계점에 다다른 때이다. 그 버튼은 사람마다 다르다. 내가 절대 참을 수 없다고 느낄 때는 바로 '부정적인 말'을 들을 때다. 그리고 나는 말에 굉장히 민감하다. 말은 그 사람의 생각을 담고 있다고 믿기 때문이다. 아무리 생각 없이 불쑥 내뱉었다고 해도 말은 말이다. 친구와 잘 지내다가도 어느 순간 말로 인해 상처를 받을 때가 있다. 그럴 때마다 내가 예민하다고 생각하며 참고 또 참았다. 그러면서 관계에 대해 고민하기 시작했다. 그런데 나도 모르게 정신적 폭력(모럴 해러스먼트)을 받고 있었다는 사실을 알게 됐다. 어느 날, 책을 읽으면서 말이다. 정신적 폭력이란 말과 행동, 태도 등으로 교묘하게 상대방에게 비물리적인 폭력을 행하는 것을 말한다.

《정신적 폭력으로부터 나를 지키는 방법》의 저자 가타다 다마미는 말한다.

> 친구끼리 대화하다 보면 자기도 모르게 상대방의 가치관을 부정할 때가 있다. "이 가수 노래 좋지 않아?"라고 친구가 추천했는데 "아니, 별론데", "이런 노래가 왜 좋아?"라는 식으로 부정하거나, "이 집 파스타 진짜 맛있다"라고 했는데 "이 정도 파스타는 어디서든 팔아"라고 대꾸하는 경우다. (…)
>
> 아무리 친한 친구라도, 어느 정도 가치관을 공유하는 부부라도 서로 모든 것을 이해할 수는 없다. 어차피 인간관계다. '아아, 이 친구랑은 너무 가까워져서 서로 존중이나 배려가 부족해졌구나', '원래 사람한테 너무 기대하면 안 되는 법이야'라는 느낌으로 의식을 조금씩 조

정하는 것도 나를 위해 중요하다.

비단 친구와의 관계뿐만 아니다. 문제의 사람은 가족이 될 수도, 직장 상사가 될 수도, 아니면 사랑하는 사람(교제하는 사람)이 될 수도 있다. 우리는 정신적 폭력으로부터 나를 지켜야 한다. 나 자신을 잃지 않기 위해서다. 가타다 다마미는 정신 폭력의 대처법에 대해 이렇게 말한다.

> 첫째, 상처받았다는 사실을 상대방에게 말한다.
> 둘째, '이해하지 못할 수도 있지' 하고 넘긴다.
> 셋째, 웬만하면 중요한 이야기를 하지 않는다.

나는 천성적으로 옆에 사람이 있으면 내 의견보다는 옆 사람 의견을 따르고 배려하는 성격이다. 그렇지 않으면 내 마음이 불편해진다. 형제가 많은 데서 자라서 그럴 수도 있다. 주위 사람을 우선적으로 배려하는 태도는 조화로운 삶에 있어서는 잘할지라도 나다운 삶에 있어서는 마이너스 요소라는 생각이 든다. 언제부터인지 '나답게' 사는 삶에 대해 고민하기 시작했다. 정체성의 고민을 하고 있었던 것이다. 타인의 인정으로 정해지는 내 삶이 아니라, 그냥 말 그대로 나답게 사는 삶! 나답게 사는 삶은 세상에서 멋진 삶이다. 세상에서 유일무이한 내 자신을 존중해 주고 내 자신에 대해 귀를 기울이는 삶 말이다.

* * * * *

산꼭대기 마을에서 팬파이프로 연주되는 익숙한 음악이 들리기 시작한다. 안개인 듯, 구름인 듯 산을 감싸고 있는 것들이 보인다. 저 위에 누우면 얼마나 푹신할까 하는 엉뚱한 생각이 든다. 지금 이 순간만큼은 나를 다 감싸줄 것만 같다. 여기가 완전 산꼭대기이니 더 이상 올라갈 일은 없을 것이다. 이제 내려가는 일만 남은 듯하다. '내리막 길에선 알베르트가 속도를 빨리 못 내겠지? 비슷하게 갈 수 있겠다' 하는 생각이 들었다.

내려가는 길에 어제 숙소에서 만난 젊은 친구를 만났다. 그는 나에게 한국어를 할 줄 안다며 "누나!"라고 했다. 거기에 나는 한 단어를 더 넣어 가르쳐 주었다. "예쁜 누나!"라고 했더니… 따라하는 발음이 제법이다! 동생의 이름은 가브리엘이다. 콜롬비아 사람인데 지금은 마드리드에 살고 있다고 한다. 그림을 그리는 화가라면서 자신이 그린 작품들을 내게 보여주었다.

그렇게 우리는 셋이 같이 걸으면서 얘기하다가 '트리아카스텔라'라는 마을에 도착했다. 알베르트와 가브리엘의 정보력으로 우리는 사립 알베르게로 갔다. 오랜만에 뜨거운 햇살을 받으며 쉬고 있었다. 알베르트는 저 드넓은 잔디밭에 가서 낮잠을 자고 오겠다며, 이따가 저녁을 같이 먹자고 한다.

시간이 흘러 저녁이 되었는데도 알베르트는 오지 않는다. 배가 고프다 못해 이제는 꼬르륵거리는 소리가 나서 나 혼자라도 저녁을 먹고 올까 하는 유혹이 일었다. 하지만 의리 있는 나는 참았다. 한참이 지나서 온 알베르트는 너무 깊은 잠에 빠져 시간이 이렇게 늦은지 몰랐다고 한다. 그런데 오늘 저녁 메뉴도 샐러드란다. 마트에 가서 함께 장을 보고 오늘도 알베르트가 만들어 준 샐러드를 먹었다. 오늘은 특별히 생크림을 잔뜩 얹은 과일 샐러드였는데, 연분홍빛 생크림에서 알베르트의 자부심이 느껴진다.

하지만… 나는 이제 '고기'가 먹고 싶다.

잘 사는 법

감정에 충실하고
솔직하게 행동하고
내가 행복해지는 일을 하고
남을 행복하게 해주는 것

29 심장이 뜨거워지는 순간을 누릴 것

Triacastela – Sarria : 25km
(트리아카스텔라 – 사리아 : 25km)

　　　　　　　　오늘은 사리아로 간다. 많은 사람들이 사리아부터 산티아고 데 콤포스텔라까지 걷기 위해 모인다. $100km$만 걸어도 산티아고 데 콤포스텔라에 도착하면 순례자 증서를 받을 수 있다. 그 증서가 목적인 사람들은 사리아에서부터 걷기 시작한다. 그래서 유독 사리아에서부터 순례자들의 수가 많은 것을 느낄 수 있다고 한다. 사람들이 많다는 것은 그만큼 사건·사고가 많다는 뜻이다. 그래서인지 뭔가를 잃어버렸다는 에피소드들이 많이 들리기 시작한다. 그래서 조심해야 한다는 주의 섞인 이야기도 많이 들린다.

　　한국인들은 일단 거리적인 이유로 한번 왔을 때 $800km$ 넘는 거리를 다 걷는다. 스페인이나 유럽에 사는 사람들은 굳이 한 번에 이 길을 다 걸을 이유가 없다. 그래서 일 년에 한번씩 와서 조금씩 걷는 사람들이 많다. 호세와 토마스처럼 말이다. 그렇게 본다면 알베르트가 조금 특별한 케이스가 되는 건가? 한국 사람들 중에는 한번 이 길을 걷고 좋아서 두세 번 걷는다는 사람도 보았다. 처음 이 길을 시작할 때 그 말이 이해가 되지 않았는데 끝나가는 이 시점 비로소 이해가 되는 것 같다.

특히나 유럽 대부분의 지역에서는 부활절 전후로 1~2주 동안 꽤 긴 휴가를 가진다. 그래서 유럽의 많은 사람들이 여행을 가기 위해 이동을 많이 한다. 특히 이 카미노를 걷기 위해 사람들이 몰린다. 덕분에 도심 곳곳에서 부활절 관련 많은 축제들을 즐길 수 있다. 이 기간에 카미노를 걸을 수 있는 것은 큰 축복이다.

트리아카스텔라에서는 이탈리아에서 온 줄리아, 바르셀로나에서 온 알베르트, 마드리드에서 온 토마스와 호세, 그리고 콜롬비아에서 온 가브리엘, 대한민국에서 온 나! 이렇게 여섯 명이 한 방을 썼다. 영어보다는 스페인어가 편한 사람들이다. 대한민국에서 온 나를 제외하고! 스페인어와 이탈리아어는 라틴어를 기반으로 해서 서로의 언어를 이해하는 데 무리가 없다. 실제로 내가 이탈리아에 가서 스페인어를 썼더니 다들 알아들었었다. 포르투갈어도 마찬가지다. 그래서일까. 이탈리아 사람들과 스페인 사람들은 성향도 비슷한 것 같고 여러모로 많이 닮았다.

트리아카스텔라에서 출발하는 길에 산을 올랐다. 그리고 내려오는 길에 산 속에 숨어 있는 성을 보았다. 동화에 나올 것만 같은 그런 성이었다. 산 속에 저런 성이 숨어 있다니⋯ 참으로 신기했다. 걷다 보니 성 앞 카페에 앉아 있는 호세와 토마스를 만났다. 그리고 알베르트와 가브리엘과 내가 도착했다. 다음으로는 줄리아가 도착했다. 그 이후 우리는 또 하나의 그룹을 이루어 오늘의 목적지인 사리아까지 같이 가게 되었다. 사리아에 아는 알베르게가 있다면서 호세와 토마스가 적극 추천한다. 6명의 군단은 그곳을 함께 가서 또 한 방을 쓰게 되었다. 아니 엄밀히 말하면 4명이다. 아쉽게도 호세와 토마스는 오늘 밤 기차로 마드리드의 집으로 간다.

사리아는 굉장히 큰 도시다. 도시에 들어서자마자 난 또 현기증을 느낀다. 작은 마을에 가면 순례자들을 위한 마을이라는 생각이 든다. 하지만 큰 도시에 오면 일상을 사는 사람들이 많이 보인다. 잘 꾸미고 바쁘게 돌아다니는 사람을 보면, 배낭을 메고 땀 냄새를 풍기며 걷고 있는 나 자신이 편치 않게 느껴질 때가 있다. 그래서 나는 아기자기한 마을이 좋다. 마음이 편하다. 그래도 오늘은 숙소 걱정이 없다. 그걸로 위안을 삼는다.

혼자 왔으면 찾지도 못할 우리만의 알베르게! 들어가는 입구는 좁았지만 건물 뒤로 들어서니까 바로 드넓은 정원이 펼쳐졌다. 정원에 드는 햇빛이 좋아서, 다들 약속이라도 한 듯이 밖으로 나와 햇빛을 즐겼다.

혼자 앉아 있던 나에게 알베르트가 다가온다. 전부터 아킬레스건이 아프다는 내 말에 알베르트는 발 마사지를 해주겠다고 한다. 그러더니 말한다.

"우리의 신체 중 일부가 아프다는 것은 생활 속에서, 아니면 관계 속에서 무언가 풀리지 않거나 문제가 있다는 뜻이야. 이런 것들을 밝혀내고 치료해 주는 것이 내가 하는 일이야. 나는 계속 무릎이 아팠는데 무릎이 아픈 건 부모님과의 관계가 안 좋을 때 나타나는 현상이야. 발이 아픈 건 미래에 대한 고민과 걱정 때문에 아픈 거고. 미래에 대해 뭐 걱정하는 거 있어?"

얼핏 들으니 맞는 말 같기도 하다. 확실한지는 더 알아봐야겠지만…. 그래도 마사지를 받으니 한결 나아진 것 같다. 옆에 있던 호세와 토마스가 이곳에 유명한 뽈뽀(문어 데친 요리로 갈리시아 지방에서 유명하다)집이 있다면서 가자고 한다. 해산물을 워낙에 좋아하는 나는 갈리시아 지방에 오면 뽈뽀를 꼭 먹어야지 생각하고 있던 차였다. 그리고 난 그동안 알베르트 덕분에 풀만 먹고 살았더랬다. 난 뒤도 돌아보지 않고 호세와 토마스를 따라나섰다. 채식주의자인 알베르트는 해산물도 먹지 않는다. 레스토랑에 가기 전 호세와 토마스는 오늘 떠나는 기차표를 사기 위해 사리아역으로 갔다. 호세와 토마스랑 이별해야 한다는 슬픔도 잠시, 뽈뽀는 내 입안에서 사르르 녹으며 슬픈 감정마저도 싹 다 녹여버렸다. 말 그대로 환상의 맛이었다.

호세와 토마스랑 헤어진다는 사실이 그때까지만 해도 실감이 나지 않았다. 숙소에 돌아와서 다른 순례자들과 함께 저녁 식사를 했다. 호세와 토마스와는 '최후의 만찬'이었던 것이다. 그리고 와인을 마셨다. 보기와는 다르게 정이 많은 줄리아와 나는 눈물 또한 많았다. 떠나는 호세와 토마스를 보면서 둘이 눈물을 보이고야 말았다. 많은 만남과 이별이 공존하는 이곳에서 이렇게까지 아쉬움을 느껴 본 적이 없었다. 호세와 토마스가 가는 뒷모습을 끝까지 바라보다가 줄리아와 나는 숙소 앞에서 한동안 앉아 있었다. 왜 그렇게까지 감정이 들었는지 모르겠지만 분명 취기 때문은 아니었을 거다. 알베르트는 말한다. 호세와 토마스가 왠지 아버지처럼 느껴졌다고.

무심코 하늘은 올려다보았다. 나무 사이로 하늘에 하트가 보인다. 그동안 나는 감정이 많이 메말라 간다고 스스로 생각을 했었다. 그런데 아직 누군가를 향해 진심으로 흘릴 눈물이 있었구나. 심장이 뜨거워지는 순간이었다.

연습

현재를 사는 것도 연습이 필요하다.
온전히 집중해서 그 시간을 사는 연습….
연습이 반복되면 습관이 되고
그 습관은 우리의 인생을 결정한다.

지나간 과거와 오지 않은 미래를 사느라
현재를 놓치는 실수를 범하지 않기를….

5부

나는 카미노에서 인생을 배웠다

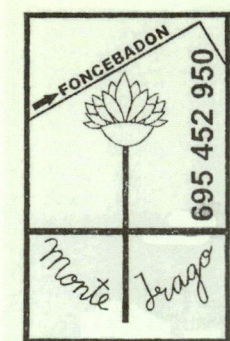

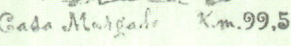

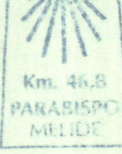

30 감정에도 쉼을 주자

🌾 Sarria – Portomarín : 22.9km
(사리아 – 포르토마린 : 22.9km)

떠날 사람은 떠나고 남은 사람은 이 길을 계속 걸어야 한다. 종착지인 산티아고 데 콤포스텔라까지 얼마 남지 않았다. 이 길을 걷기 시작할 때는 길 끝에 다다르면 나 자신이 눈에 띄게 변해 있을 것 같았다. 큰 맘 먹고 다이어트를 시작할 때와 같은 기분일 거다. 내가 원하는 모습을 그리며 다시 태어나는 새로운 나를 기대한다. 몸도 마음도 모두 말이다. 하지만 그 과정이 만만치 않다. 그리고 제일 힘든 건 드라마틱하게 변해야 할 거 같은데 실상은 그렇지 않다는 것이다. 심지어 변화가 없는 듯하다. 그게 나 자신을 가장 괴롭게 만든다. 하지만 그 마음을 딛고 일어서서 꾸준히 하느냐, 중도 하차를 하느냐는 나의 선택이다. 그럼에도 불구하고 꾸준함을 선택한다면 이미 변했고, 변하고 있다는 사실이다. 내가 미처 깨닫지 못하고 있을 뿐….

나는 내 안에 있는 단점을 다 버리길 원했다. 그리고 내 마음을 컨트롤할 수 있기를 바랐다. 그런데 걷는 와중에도 많은 감정들이 교차하며 나를 괴롭혔다. 내면 밑바닥에서부터 올라오는 나의 쓴 뿌리에서부터 과거에 대한 안 좋은 생각들, 거기에 미래에 대한 걱정까지 한몫했다. 그런 원하지도 않던 생각들이 올라오며, 내 마음을 계속 갉아먹었다. 나는 의지적으로 감사할 거리를 찾아야겠다고 생각했다. 그렇지 않으면 계속되는 부정적인 생각에 내 자신이 폭발해버릴 거 같았다.

예전부터 막연하게 꿈꿔 왔던 이 길을 걷고 있다는 현재에 감사하기로 했다. 선택받은 사람들만 걸을 수 있다는 이 길을 내가 걷고 있는 것이다. 그래, 나는 선택받은 사람이다. 생각해 보니 길을 걸으면서 펼쳐지는 다양한 자연을 보았고, 자연의 아름다움에 심취하기도 했었다. 긍정적인 생각 하나가 부정적인 생각 수천 개를 몰아낸다고 했는데 그 말이 맞긴 맞나 보다.

오늘도 알베르트와 함께 출발을 했다. 카페가 보이면 '카페 콘 레체' café con leche(카페라테라고 생각하면 된다)를 마시는 것이 아침 일상이 되었다. 사리아에서 출발하자마자 눈앞에 있는 계단을 오르자 카페가 보인다. 거기에 줄리아가 앉아 있었다. 앞에서 줄리아에 대해 소개를 했지만, 줄리아는 목소리가 걸걸하고 크며 자신의 의견을 여과 없이 말하는 친구다. 짧은 대화를 할 때는 성격이 솔직하고 재미있고 독특하다며 좋아했었다. 그리고 나는 이런 캐릭터가 있는 사람을 재미있어한다. 여성성이 가득한 사람보다는….

그런데 셋이 같이 걷게 된 순간, 정말 피하고 싶다는 생각밖에 들지 않았다. 이탈리아 사람과 스페인 사람이 만나 그들의 억양으로 연신 떠들어대는 건 소음 이상이다. 갑자기 나도 모르게 짜증이 밀려 왔다. 내 마음에 우선순위를 두었다면 말하고 그냥 혼자 가면 그만이다. 하지만 어떤 상황에서든 묵묵히 참아 왔던 나는 그 상황에서도 참고 있는 나를 발견했다. 그 상황에서 내가 첫번째로 의지한 것은 이어폰이었다. 이어폰을 귀에 꽂고 음악을 들으며 걷기 시작했다. 자연스럽게 그들을 따돌리려고 빨리 걷기도, 천천히 걷기도 했다. 그럼에도 불구하고 알베르트는 나를 챙기는 것을 포기하지 않으려 했다. 앞서거니 뒤서거니 하며 한참을 시끄럽게 하다가 결국엔 세 사람이 다 따로 걷게 되었다. 혼자 걷게 되어 좋을 줄 알았는데 이상하게 마음이 무거웠다. 아마도 내가 마음에 그들에게 불편함을 느껴서일 거다.

산티아고까지 $100km$ 남았다는 표석이 보인다. 이제 진짜 길이 머지않아 끝난다고 생각하니 갑자기 마음이 먹먹해진다. 아직 새로워지려면 난 멀었는데… 마음속엔 갈등과 번민과 방황이 존재하는데… 결국 또 이렇게 사람 때문에 고민하고 있는데…

아직 해결되어야 할 문제들이 많은데 이 길은 $100km$ 이후에 끝난다고 한다. 4일 후면 난 산티아고 데 콤포스텔라에 도착해 있는 거였다. 그 사이에 내 안의 문제가 해결되지 않으면 반복되는 문제들을 안고 다시 현실로 들어가야 한다. 생각이 많아도 너무 많다. 그만큼 기대가 많았다는 반증이다. 생각이 꼬리에 꼬리를 물고 있는데, 내 속을 아는지 모르는지 길 중간에 나를 기다리며 해맑게 웃고 있는 알베르트가 보였다.

오늘 알베르트와 걸으면서 본의 아니게 '성'에 관한 이야기를 나누게 되었다. 알베르트는 20대 후반의 건장한 사내답게 여자에 대한 관심과 성에 대한 관심이 끊이지 않았다. 그리고 그것을 솔직하게 다 털어놓는다. 어느 날은 이 길에서 몇 번 마주친 영국에서 온 마리아라는 여자가 있었다. 알베르트보다 나이가 한참 많아 보였다. 어느 날은 마리아랑 대화를 했다고 좋아하며, 허벅지가 너무 아팠다고 한다. 그러면서 덧붙인다. 허벅지는 성에 관련된 부분이라고. 그러면서 나에게 말한다.

"너는 왜 이렇게 감춰? 특히나 성에 대해서…? 지극히 자연스러운 건데."

"너희들은 자연스럽겠지만 우리 문화는 그렇지 않아. 아 이건 사람 나름이겠다. 난 그래. 그리고 지금은 별로 관심이 생기지 않아. 솔직하지 않은 게 아니라…."

이렇게 답은 하긴 했지만, 성에 대해 솔직한 문화가 아닌 것은 사실이다.

흥분에 가득 찬 알베르트의 이야기를 들어 주다 보니 어느새 우리는 포르토마린에 도착했다. 포르트마린은 큰 강을 건너 야트막한 언덕에 위치한 마을이다. 산과 강이 아늑하게 감싸주어 더 아름답게 느껴지는 곳이다. 바르셀로나 근처 시골 출신인 알베르트는 강을 그냥 지나칠 수 없다며 강물 속에서 수영을 하겠다고 한다. 강에서 쉬면서 줄리아를 기다리자고 한다. 옷을 하나둘씩 벗더니 강물로 뛰어들어 수영을 한다. 성에 대해 열변을 토하던 알베르트는 그새 어디 갔냐는 듯 천진난만한 어린아이 같았다.

줄리아가 도착하자 우리는 함께 공립 알베르게를 찾아갔다. 그곳에는 콜롬비아에서 온 가브리엘도 있었다. 그리고 난 탁자에 앉아 와인 한 병을 혼자 마시고 있는 그녀를 봤다. 하루종일 알아듣기 힘든 외국어의 홍수 속에서 정신적으로 시달렸던 나는 머리를 크게 쓰지 않고 구사할 수 있는 모국어 생각이 간절했다.

"안녕하세요! 저 같이 조인해도 되요?"

"네!"

한국어가 그립긴 그리웠나 보다. 난 배낭도 풀지 않은 채 그곳에 앉아 그녀와 함께 와인을 마시기 시작했다.

한참 뒤에 알베르트와 줄리아가 나에게 왔다.

"오늘 스파게티를 해 먹으려고. 재료 사러 갈 건데 같이 갈래?"

이들은 채식주의자다. 그리고 난 오늘 고기가 너무나도 그리웠다.

"아니. 괜찮아. 오늘은 너희들끼리 먹어. 난 알아서 먹을게."

와인을 마시고 있다가 한국인 아저씨 두 분과 이야기를 하게 되었다. 그리고 난 말한다. "저 사실 고기가 너무 먹고 싶어요." 그리고 우리는 저녁을 먹으러 레스토랑에 갔다. 난 드디어 고기를 먹는다. 그리고 무엇보다 한국어로 신나게 떠들면서 대화를 한다. 오늘 하루종일 막혀 있던 감정이 뚫리는 것 같다. 때로는 같은 언어를 편하게 쓰고 있다는 것만으로도 정서가 풀리는 것을 경험할 수 있다. 오늘이 바로 그런 날이다.

알베르게에 들어가니 알베르트, 줄리아 그리고 가브리엘이 앉아서 다음 코스에 대한 계획을 세우고 있었다. 알베르트는 나에게 열심히 설명을 해준다. 하지만 대낮부터 와인을 마셨던 나의 귀에 그 말이 들어울 리 없다. 들어와서도 우리는 함께 와인을 마셨다. 알베르게 제일 구석에 있는 2층 침대까지는 무사히 갔던 것으로 기억이 나는데 그 이상은 기억이 나지 않는다.

신기하다. 경건하게 다녀야 할 것만 같은 카미노에서도 이런 날이 있구나. 내 자신을 감당할 수 없는 날… 그리고 이상한 날이다.

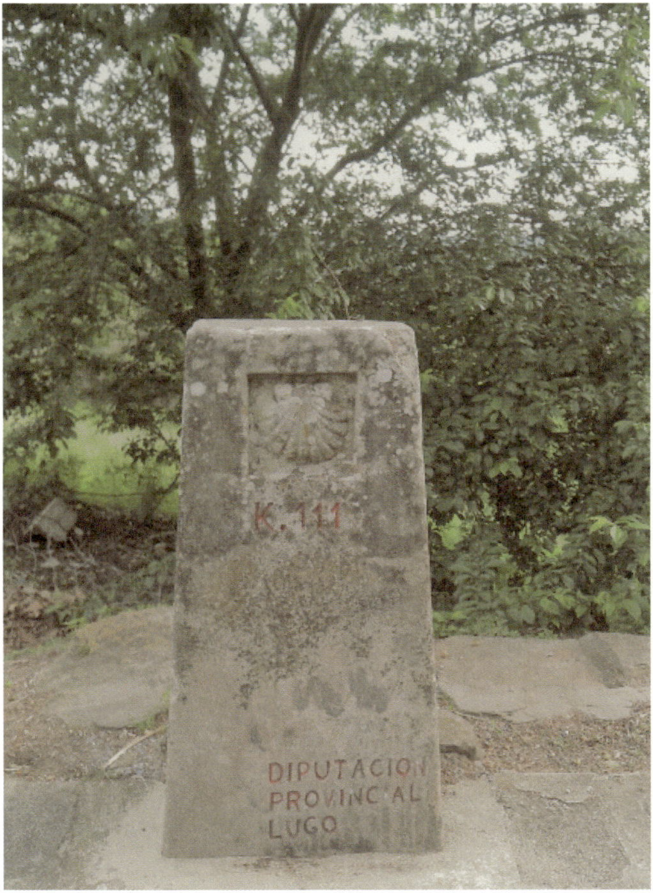
K. 111
DIPUTACION
PROVINC AL
LUGO

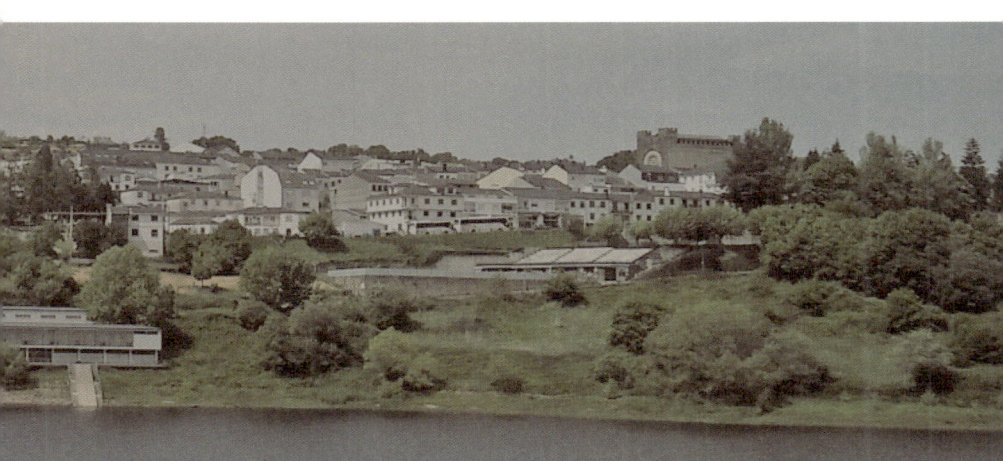

정서 풀기

지금 있는 곳이 뻔하고 지겨워
전혀 다른 환경으로 나를 밀어 넣어본다.

처음에는 새롭고 마냥 좋았던 것들도,
그 환경에 있기 위한 노력이 계속되어야 한다면 힘들어진다.

때론 아무 생각 없이 말할 수 있는
모국어로 떠들기만 해도 정서가 풀린다.

지금은 그 정서를 풀어야 할 시간!

31 가장 소중한 건 당신 자신

🌾 Portomarín – Palas de Rei : 26.1km
(포르토마린 – 팔라스 데 레이 : 26.1km)

포르토마린의 공립 알베르게는 한 방에 얼추 100개의 침대가 있는 곳이었다. 어제는 도착하자마자 와인으로 시작해서 와인으로 끝을 맺었으니 내 침대를 볼 새도 없었다. 배낭만 간신히 놓고 갔던 나의 침대는 문을 열고 들어와서 양쪽으로 있는 침대를 몇 십 개를 지나 제일 구석 벽 옆에 있는 침대 2층이었다. 잠이 든 시간도 얼마 되지 않은 거 같은데 사람들의 소리가 들리기 시작한다. 머리가 띵해 온다. 그리고 갈증이 난다. 아무래도 화장실을 다녀와야겠다.

머리가 핑핑 돈다. 눈은 반쯤 감은 채로 2층 침대에서 내려오려고 하다가 그만 발을 헛디디고 말았다. 맨 마지막 가로대를 디디고서 잡고 있던 손을 놓았어야 하는데, 손은 먼저 놓고 발은 허공에 디뎠던 거다. 난 그대로 침대에서 떨어지고 말았다. 순간 바닥에 '쿵' 하는 소리가 났고 나는 비명을 질렀다. 바닥에 머리를 부딪친 것 같다. 사람들이 수군수군하는 소리가 들린다. 한국어가 아니라 알아들을 수가 없다. 조금 후에 눈을 떴다. 나를 둘러 싼 사람들이 물어본다.

"Are you okay?" (괜찮아요?)

괜찮지 않은 상태면 아픔이 계속되었을 거다. 하지만 아픔보다는 창피스러운 마음이 더 강하게 일었다. 그러면 난 괜찮은 거다.

"Yeap, I'm okay." (예, 괜찮아요)

라고 당당하게 말했지만 당황스러움에 온몸이 떨리기 시작했다. 그리고 부딪힌 머리는 괜찮을지 걱정되었다. 안정이 필요했다. 한번 이런 경험을 하면 한동안 트라우마가 생긴다. 하지만 지금은 그 트라우마를 가질 새도 없다. 아직 동이 트지 않은 새벽이었기에 일단 천천히 계단을 잡고 침대 위로 올라갔다. 그리고 기도를 하며 안정을 취했다. 그러면서 주문을 외웠다.

"괜찮을 거야. 우리 머리는 우리가 생각하는 것보다 더 단단하다고 했어."

인도에 갔었던 적이 있다. 그때도 2층 침대 중에 2층을 썼었다. 침대에 앉아서 책을 읽으려고 하다가 머리가 천정에 매달려 돌아가던 팬 날개에 부딪힌 사건이 있었다. 머리에 조금 피가 나긴 했었다. 그때도 아픈 것보다 파상풍에 대한 우려가 컸던 것 같다. 걱정했었지만 괜찮았었다. '그때도 괜찮았으니 지금도 괜찮을 거야.' 마음의 위안을 가져 본다.

침대 위에 있다가 사람들이 거의 나갔을 때쯤 로비로 내려왔다. 어제 마지막에 만났던 와인 친구들과 저녁을 같이 먹었던 한국인 아저씨 두 분도 계셨다. 아저씨들은 자전거로 순례길을 완주하고 계신다. 아저씨들은 나를 위해 손수 아침을 만들어 주셨다. 그리고 새벽에 침대에서 떨어져 놀란 나를 위해 손으로 쓴 편지와 함께 약을 주셨다. 편지를 보는 순간 눈물이 핑 돌았다. 걷다 보면 계속해서 만날 수 있지만 자전거로 가면 이제는 더 이상 만날 수 없다. 그런데 아저씨들은 그것들만 남겨두고 바로 출발을 하셨다. 정신이 없었던 나는 제대로 감사하다는 말을 전할 수도 없었다. 이 책으로 감사 인사를 다시 한번 전하고 싶다.

솔직히 그동안 한국 사람들은 한국에서 만나도 된다며 굳이 많은 대화를 하지 않았던 것도 사실이다. 혼자 걷기를 즐기고 오히려 자연스럽게 다가오는 외국 친구들하고 이야기를 더 많이 나눴다. 그들의 사상과 생각이 궁금했었다. 그리고 이 길은 그런 대화를 나누기에 더없이 좋은 장소였다. 그렇게 많은 이야기를 나누었지만 마음속에는 뭔지 모를 답답함을 느꼈다. 뭐라 표현하긴 애매하지만 향수병이라고 해야 할까? 해외로 이민이나 유학을 간 사람들이 느끼는 정서일 수도 있을 것 같다.

잠시 동안 영국에 체류할 때 난 그곳에 공부하러 온 한국 유학생들이 한국 방송 프로그램을 더 많이 찾아서 보고 있다는 사실에 적잖이 놀랐다. 그때 나의 생각은 이랬다. '영국에 공부를 하러 왔으면 영국 TV 프로그램을 더 많이 봐야지 왜 한국 프로그램을 봐?' 그런데 그건 바로 그들의 정서 풀기용이었던 것이다. 열심히 머리를 쓰며 공부를 하면 나도 모르게 스트레스를 받는다. 거기에 외국 생활은 외로움까지 동반한다. 그럴 땐 한국 프로그램을 찾아보면 그렇게 위안이 되는 것이다. 어제 나의 상황처럼 말이다.

그동안 카미노를 걸으면서 말을 할 때마다 편하게 말을 쏟아낼 수 있는 상황이 못 되었다. 필터를 한번 걸쳐서 다른 나라의 말로 내 감정을 표현해야 했다. 하지만 어제는 머리를 쓰지 않고 생각나는 대로 우리말로 대화를 하며 즐거운 시간을 가졌다. 수다가 주는 위력이다. 그리고 나도 모르게 쌓여 있었던 스트레스가 풀리는 것 같았다. 그렇게 기분이 좋아 와인을 보고 절제를 하지 못했던 것이다.

한국에서 현실을 살아갈 때도 마찬가지다. 어떤 사건으로 인해 스트레스를 받을 수도 있다. 하지만 가끔 아무 사건도 일어나지 않고, 이렇다 할 일도 없는데 답답하다는 느낌이 들 때가 있다. 그럴 땐 나의 정서를 풀기 위해 나선다. 어떤 때는 그게 영화관에 가는 것이 될 수도 있고, 내가 좋아하는 뮤지컬을 관람하는 것이 될 수도 있다. 때로는 친구들과 만나서 수다를 떤다. 그렇게 막혔던 정서를 풀고 나면 좀 살 것 같다. 그렇게 자신만의 숨 쉴 구멍을 찾아 만들어 놓아야 한다. 스트레스가 켜켜이 쌓여 폭발하지 않도록 말이다.

알베르트, 줄리아, 가브리엘, 나, 어제 만난 와인 친구 미영이 ─ 이렇게 다섯이 한 팀이 되어 카미노를 걷기 시작한다. 아침부터 부슬비가 내리고 있다. 마음이 축축하다. 알베르트와 줄리아, 그리고 가브리엘은 어제 내가 침대에서 떨어졌다는 것을 계속 놀리며, 시끄러운 소리만 나면 "헌주?" 하면서 내 이름을 부른다. 나를 걱정해 주는 척하는 것보다, 유머로 승화시키는 게 차라리 낫기도 하다.

갑자기 가브리엘이 선포를 한다.

"나 오늘은 혼자 걷고 싶어. 혼자 걸어갈게."

"응, 그래."

머리에 뭔가 탁 맞은 느낌이다.

'바로 저 한마디면 됐었는데…. 난 뭘 위해서 사람들을 배려한다고 내 자아와 그렇게 싸웠던 거지? 나를 불편하게 만드는 게 내 특기인 건가? 나는 왜 내 감정을 우선순위로 생각하지 않는 걸까?'

혼자 많은 생각을 하면서 감정 싸움을 했던 시간들이 저 한마디에 해답을 찾는 듯했다.

줄리아는 마을 끝자락에 있는 카페에서 커피를 마시고 간다고 했다. 알베르트도 그러겠다고 했다. 예전 같으면 내키지 않았어도 함께 들어갔을 것이다. 하지만 오늘만큼은 그러고 싶지 않다. 나도 나의 목소리를 한번 내보고 싶다.

"그럼 우린 그냥 걸을게. 잘 마시고 와."

함께 걷는 미영이는 아일랜드에서 어학연수를 하고 있는 친구다. 어떤 무리에도 끼지 않고 혼자 묵묵히 걷는 모습을 예전부터 종종 봐왔었다. 하지만 굳이 인사는 하지 않았었다. 그런데 어제 혼자 와인을 먹고 있던 모습을 본 것이었다. 그리고 대화를 하다 보니 아주 잘 통했다. 미영이와 걷다가 중간에 힘들어서 탁자가 있는 벤치에 앉아서 쉬고 있었다. 그런데 미리 떠난 자전거 아저씨 두 분을 거기서 만났다.

"먼저 가신 거 아니셨어요? 와 신기하다. 정말 감사했어요. 안 그래도 감사 인사를 못 드려서 마음이 내내 그랬었는데. 정말 감사합니다."

연신 꾸벅 꾸벅 인사를 하다 보니 알베르트, 줄리아, 가브리엘이 도착을 한다. 이상한 일이다. 가브리엘은 먼저 출발을 했었는데? 알베르트는 도착하자마자 책을 펼치며 오늘의 목적지에 대해 일장연설을 늘어놓는다. 거기에 이탈리아에서 온 파블로까지 합세하여 우리는 총 6명이 되었다.

알베르트가 총 가이드가 되어 6명을 위한 다음 마을 숙소를 예약했다. 그리고 우리 6명은 같이 '팔라스 데 레이'에 도착했다. 마을 초입에 들어설 즈음에 추적추적 비가 내린다. 인적이 드문 마을에 혼자 걸으면 쓸쓸한 기분이 들 텐데, 오늘은 이 시끄러운 친구들과 함께하게 되어 감사의 말이 절로 나온다.

어떻게든 이어지는 만남을 보면서 이런 생각이 든다.

'만날 사람은 어떻게든 만나게 된다는 진리일까?'

'이 길은 하나로 통하기 때문에 어쩔 수 없이 만나게 되는 것일까?'

이제 이 길에 취해 있기보다, 이 길의 끝 다음의 삶에 대해 생각할 때가 온 것 같다.

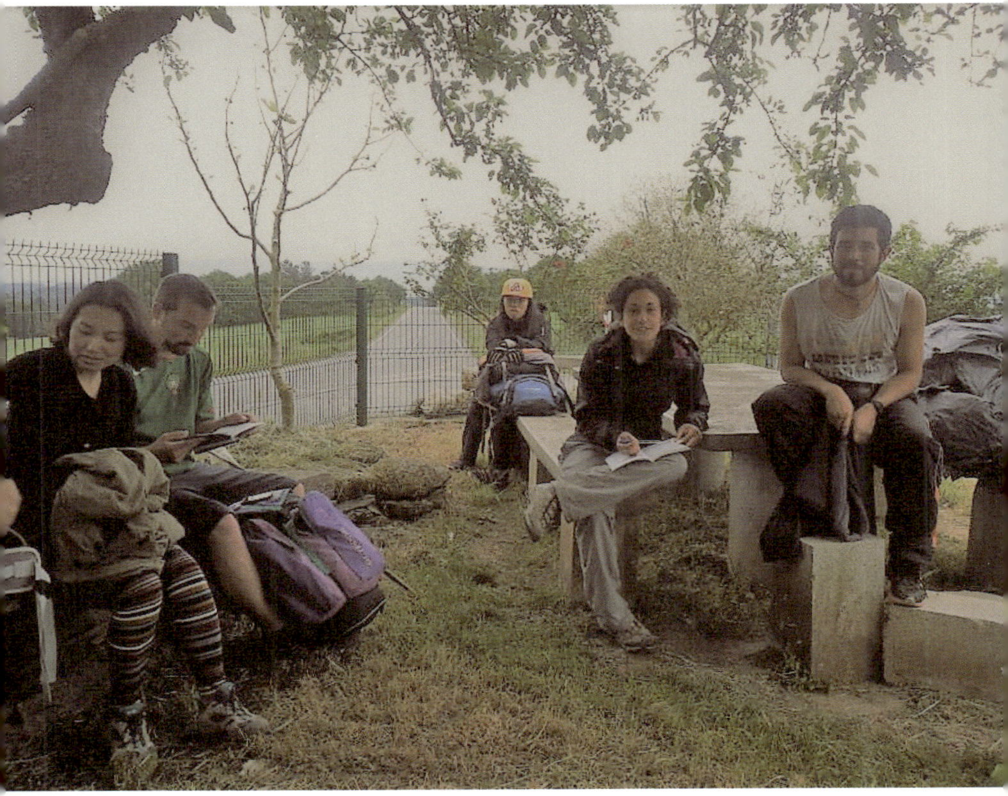

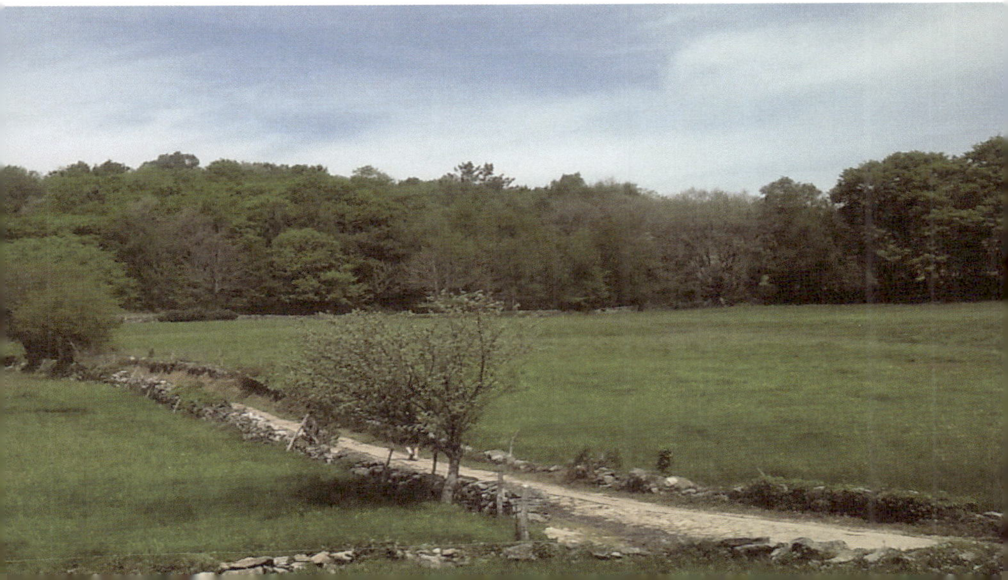

파랑새

저마다 간직하고 있는
파랑새를 찾으러 나선다.

가까이 있을 것 같진 않아서
더 멀리, 삶에서 되도록 멀리 가본다.

그렇게 환상만 더해 가지만…

파랑새는 길 가다 마주친 사람,
그리고 내가 읽는 책의 한 글귀가 될 수도 있다.

결국 알게 된다
파랑새는 내 안에 있었다는 걸.

지금의 삶에서 행복해지기로 결심한 순간
파랑새는 내 것이 된다.

그리고 더 이상 환상과 낭만을 좇아 살지 않게 된다.

32 모두에게 필요한 건 기대가 아닌 칭찬이다

🌾 Palas de Rei – Arzúa : 26.4km
(팔라스 데 레이 – 아르수아 : 26.4km)

어느 순간부터 자연스럽게 미영이와 나는 한 팀이 되고 알베르트는 줄리아를 챙기기 시작했다. 그런데 줄리아는 보면 볼수록 버거운 캐릭터의 소유자다. 절대 손에 잡히지 않는…. 어느 정도의 거리감이 있을 때는 재미있다며 칭찬을 해줄 수 있다. 하지만 가까운 사이가 된다면 스트레스를 받을 수도 있는 사람… 어디로 튈지 몰라서 함께하는 것이 불안한 사람이다.

어떤 사람이든 서로의 관계에서 아무 기대감이 없을 때는 긍정적으로 바라보게 된다. 하지만 상대방에 대해 어떤 기대감을 설정하면 그 순간부터 힘들어진다. 그 기대감이 100% 충족되기는 어렵기 때문이다. 그래서 어떤 관계든 기대감이 없는 적당한 거리가 좋은가 보다. 그럼에도 불구하고 우리는 항상 어떤 관계 속에서 사람에게 기대라는 것을 한다. 그리고 시시때때로 실망하기도 한다. 그런 반복 속에서 사람과의 관계를 형성해 나간다.

중학교 때 어느 날 선생님께서 각자의 고민을 적어 보라고 하셨다. 대부분의 친구들이 진로와 공부에 대한 고민을 썼다. 그 중에 나 혼자만 '친구와의 관계'라고 적었었다. '나도 그냥 평범하게 진로라고 쓸 걸 그랬나?' 이런 생각도 했었다. 하지만 그게 나였다. 나의 인생 전체를 그리는 큰 사안에 대해서는 별로 신경 쓰지 않았는데, 아주 사소한 것들에 예민했다. 예를 들어 나를 상처받게 하는 말이나, 이유 없이 싫은 사람에 관해서다. 관계에 대한 고민은 어렸을 때 졸업할 줄 알았는데 이렇게 성인이 되고서도 고민을 하게 될지 몰랐다. 그것도 스페인까지 와서…. 어쩌면 확실하게 맺고 끊지 못하는 우유부단한 내 성격에서 기인한 것일 수도 있다.

아주 친했던 사람이라도 어떤 사건으로 인해 멀어질 수도 있다. 아니면 서서히 쌓인 감정으로 인해 불편함을 느끼게 될 수도 있다. 관계에서도 온도가 중요하다. 뜨겁지도 차갑지도 않은 적당한 온도 말이다. 그 온도에서 나를 지켜나가야 한다.

누군가를 좋아하는 감정이 생길 때도 마찬가지다. 좋아하는 감정 자체는 분명 축복이다. 하지만 사람마다 마음의 온도가 다른 것이 문제다. 어떤 사람에 대해 그 마음의 온도가 지나치게 상승하지만, 그 사람은 냉정할 정도로 온도가 차갑다고 느낄 때…. 그 차가움을 품는다고 해서 올라가는 온도가 아니다. 그럴 땐 마음의 온도를 조절해야 한다. 행여나 마음이 다치지 않게 말이다. '마음의 온도까지 내 마음대로 조정할 수 있다면 얼마나 좋을까?' 때론 이런 생각도 해본다.

미영이는 20대 초반의 어린 나이에도 불구하고 생각이 깊은 친구였다. 성숙해서 이야기가 잘 통했다. 뮤지컬도 좋아해서 뮤지컬에 대한 얘기를 하니 금세 공감대가 형성되었다. 대화가 끊길 때쯤 서로 좋아하는 뮤지컬의 넘버를 노래하며 길을 걷는다. 나무가 우거진 숲속에서 자유롭게 노래를 부르며 가니 즐거움이 배가된다. 우리 앞뒤 50미터 반경에는 사람이 없어서 마음 놓고 노래를 부를 수 있었다. 노래라는 건 참 신비한 힘이 있다.

어느새 우리 뒤를 좇아와 노래를 따라 부르는 알베르트 때문에 깜짝 놀랐다. 알베르트에게 내가 조연출로 일했던 한국 창작 뮤지컬 〈오 당신이 잠든 사이〉의 오프닝 부분을 가르쳐 주었다. 아주 경쾌한 노래이다.

"없네, 없어. 없네, 없어. 안개처럼 사라졌어."

알베르트는 이 노래를 이렇게 불렀다.

"옹네 옹썽. 옹네 옹썽. 양갱초옹 상랑종송."

순간 발랄한 상송을 듣는 줄 알았다. 그러더니 재미있는지 연신 그 노래를 부른다. 알베르트는 자신 있게 밴드의 보컬이라고 했지만, 노래를 들으면 들을수록 귀를 막고 싶은 심정이 드는 건 어쩔 수가 없다. 하지만 자라나는 새싹에게 물을 줘야 한다. 선의의 거짓말이 필요한 시점이다.

"알베르트, 진짜 잘한다! 최고야!"

그랬더니 진짜 잘하는 줄 알고 노래를 또 부른다.

오늘 걷다가 지나가는 도시는 멜리데다. 갈리시아 지방의 먹거리 뽈뽀를 먹을 수 있는 곳이라고 가이드북에 설명되어 있다. 나는 사리아에서 이미 맛있는 뽈뽀 맛을 봤지만, 해산물을 무척 좋아하는지라 이곳을 그냥 지나치기가 아까웠다.

도시에 들어서자마자 쭉 늘어선 뽈뽀 레스토랑은 과연 이곳이 뽈뽀의 도시임을 증명하는 듯했다. 그리고 레스토랑 요리사들이 큰 문어들을 나무 막대기에 꽂고 거리로 나와 "뽈뽀! 뽈뽀!"하며 큰 소리로 외치고 호객 행위를 하고 있었다. 그러더니 갑자기 줄리아 얼굴 앞에 큰 문어를 갖다 댄다. 줄리아는 그 자리에서 울어버렸다. 그러면서 줄리아는 말한다.

"문어가 너무 불쌍해."

카미노에서 만난 역대급 반전의 순간이었다. 동물을 사랑하는 줄리아는 카미노에서 만나는 모든 동물들에게 인사를 하고 쓰다듬어 주었다. 문어를 보면서 불쌍하다는 생각을 할 줄이야. 채식주의자인 줄리아와 알베르트에게 뽈뽀를 함께 먹자고 할 수는 없었다. 하지만 우리는 진심으로 뽈뽀가 먹고 싶었다.

알베르트와 줄리아에게 인사를 하고 미영이와 나는 뽈뽀를 먹으러 사람들이 제일 많은 레스토랑에 들어갔다. 옆에 앉아 있던 아저씨가 막 조개를 시켰는데 너무 많아서 혼자 다 못 먹는다고 우리에게 나눠 주었다. 생각지도 않은 선물에 기분이 좋아졌다.

이제 산티아고 데 콤포스텔라까지 $50km$만 가면 된다. 마음이 가벼워져야 되는데, 물에 삶은 문어처럼 축 늘어지는 것 같은 기분은 뭘까.

오늘 머물게 되는 아르수아는 아주 작은 마을이었다. 그곳엔 도보 여행가 김남희씨가 꼭 가봐야 된다고, 최고라고 극찬한 알베르게가 있었다. 그곳에 묵진 않았지만 유명세로 인해 얼마나 좋은지 구경을 했다. 하지만 왜 그렇게 극찬을 했는지 도무지 모르겠다.

2층 침대에서 떨어진 그 날 이후, 난 2층에 대한 트라우마가 생겼다. 친구들도 침대에 관해서는 나를 배려해 준다. 넌 무조건 1층에서 자야 한다면서…. 건물이 두 개 정도밖에 없을 정도로 작은 이 마을도 아기자기해서 좋았다. 그리고 마음에 평화를 가져다주었다.

주변 강가로 구경을 갔다가 잔디밭이 있는 알베르게 레스토랑에서 자리를 잡고 햇빛을 받으며 광합성을 하고 있었다. 시간이 흐르고 어느덧 저녁 시간이 된다. 미영이와 함께 있던 나는 그 자리에서 그냥 저녁까지 해결하기로 한다. 알베르트는 줄리아와 함께 저녁 식사를 할 거라 생각하고 말이다. 한참 식사를 하고 있는데 알베르트와 줄리아가 레스토랑에 왔다.

동네에 식사를 할 수 있는 곳이 여기 한 곳뿐이었다.

"우린 너희들이랑 같이 식사하려고 기다리고 있었는데…"

정말 미안했다. 이제까지 날 챙겨 줬던 알베르트인데 나도 모르게 조금씩 피하고 있었다.

관계의 온도

너무 뜨겁지도, 차갑지도 않은
너무 달콤하지도, 쓰지도 않은

적당한 관계의 온도는 몇 도?

33 최선을 다한 사람이 승자

🌱 Arzúa – Arca do Pino : 22.2km
(아르수아 – 아르카 도 피노 : 22.2km)

실감이 나지 않는다. 한 목적지를 향해 길을 걸어왔고, 끝이 있다는 것을 알았다. 하지만 그 길이 끝나지 않을 것만 같았다. 그런데 오늘 하루만 지나면 산티아고 데 콤포스텔라에 도착한다니! 딱히 무엇이 있을 거 같아서 걸어온 길은 아니었다. 하지만 이 길 끝에서 새로운 내가 되길 바랐다. 그리고 뭐든 다시 시작할 수 있기를 바랐다.

길을 걷는 중에는 그냥 단순해지고 싶었다. 고민할 것이 많은 세상이지만 이 길에서는 '식'과 '주'에 대한 고민만 하면 된다. 그리고 그냥 걷기만 하면 된다. 하지만 나의 생각들은 나를 단순하게 놓아두지 않았다. 걷는 동안에 과거의 일을 떠올리면서 후회가 걷잡을 수 없이 번져 내 마음을 괴롭힐 때도 있었다.

난 지난 일에 대해 '그때 ○○할 걸…', '만약 그때 이렇게 했으면 어땠을까?'라고 말하는 것을 좋아하지 않는다. 과거에 대해 후회하는 것만큼이나 어리석은 일은 없다고 생각했다. 그리고 어떤 것에 대한 바람이 생기면 어느 순간 그것을 하고 있었기 때문이다. 그래서 인생에서 과거에 대해 후회라는 것이 없을 줄 알았다. 어쩌면 과거의 내 삶을 미화시키려고 한 부분도 없지 않았을 것이다.

그런데 이상하게 최근에 계속 '그때 이렇게 했으면 어땠을까?'라며 과거에 대한 자책과 원망을 하기 시작했다. 지난 몇 년도 아닌, 딱 한 달 전으로만 돌아가서 상황을 바꿔 보고 싶다는 생각이 들었다. 과연 상황 때문일까? 아니다. 사람 때문이다. 잡을 수 있다고 생각했던 사람인데 잡지 못했던 사람…. 한 달 전으로 돌아가서 내가 다른 선택을 했더라면 그 사람은 나에게 왔을까? 그건 아니다. 지금이랑 똑같았을 것이다. 결국 그렇게 될 일은 그렇게 되기 때문이다. 문제는 후회하는 내 마음이다.

나에게 인생에서 무엇이 제일 중요하다고 묻는다면 일과 사랑이다. 그런데 가장 중요하게 생각하는 두 부분에 있어서 밑바닥을 쳤다고 생각하는 시점이 있었다. 방송 작가로 일을 하던 때였다. 남들은 어떤 일이든지 처음부터 힘든 일을 겪고 나서 단단해진다고 하는데, 나는 정말 나의 운을 믿었나 보다. 막내 작가 때부터 내가 원하는 프로그램만 맡아서 일을 할 수 있었다. 그래서 그렇게 힘든 줄을 몰랐다. 오히려 재미있게 즐기면서 했었다.

방송 작가 5년차였을 때 어느 날, 한 연예 정보 프로그램의 작가 제의가 들어왔다. 잠시 동안 고민은 했었지만 좋은 경험이라고 생각하며 일을 시작했다. 그런데 그 프로그램을 시작해서부터 끝날 때까지가 내 인생 최대의 고비였다. 어떤 사람에게는 적성에 맞고 재미있다고 느끼는 일도 어떤 사람에게는 곤욕이 될 수 있다는 걸 그때 깨달았다. 나는 지나가는 차에 뛰어들고 싶은 정도로 괴로움을 느꼈다. 그 누가 뭐라고 하지 않았는데도 말이다. 나는 그때 깨달았다. 나의 모든 것이었던 방송을 그만해야 한다는 걸, 이제는 새로운 길을 가야 할 때라는 걸…. 그리고 알았다. 그렇게 내가 전부라고 생각했던 방송을 하지 않고서도 충분히 행복할 수 있다는 것을….

내가 전부라고 생각했던 것들도 한 발짝 물러서서 바라보면 '빙산의 일각'이었다는 것을 깨닫게 될 때가 온다. 한창 그 안에서 허우적거리고 있을 때는 느끼지 못해도, 내가 전부라고 생각했던 그 일이 나 자신을 대신할 수 없다는 것을 알게 될 때가 온다. 그때가 오면 과감하게 나를 인정해 주고 사랑해 줘야 한다. 나의 못난 부분까지도….

같은 일이라도 남들에겐 쉬워 보이는데 유독 자신만 힘든 것 같을 때도 자책할 필요가 없다. 사람의 생김새와 성향이 저마다 다른 것처럼, 받아들이는 것 또한 다르기 때문이다. 그냥 그렇게 나 자신을 인정하고 포용하면 된다. 그러면 어떤 일이든 견딜 수 있는 힘이 생기고, 조금은 더 평안한 인생을 살 수 있게 된다.

사랑에 있어서 최대의 위기는 20대 후반에 찾아왔다. 그동안 연애를 많이 해봤다고 생각했었다. 그리고 내가 주도하는 연애를 할 수 있을 거라 자부했다. 처음 나를 보고 순수하게 내가 좋다며 고백하는 그에게 마음을 뺏기지 않으리라 다짐했건만 나는 속수무책으로 당하고 말았다. 여과 없이 자신의 감정을 드러내는 그를 보고 순수하다고 생각했다. 순수한 사람은 그렇게 자신 있게 표현할 수 없는 데 말이다. 그리고 불같은 사랑을 시작했다.

나에게 큰 장점이자 단점이 있다면 내가 만나는 모든 사람을 미화시킨다는 것이다. 특히 한번 사람을 내 마음 속에 들여 놓으면 그때부터 그 사람과 관련된 일체에 대해 객관성을 잃어버린다. 어떤 사람의 단점이라도 그것을 장점으로 커버하여 바라보게 된다. 그게 바로 연애로 직결될 때는 씻을 수 없는 깊은 상처를 동반한다는 것도 모른 채 말이다.

그와 시작한 연애는 한 달여 만에 끝났다. 언제 그랬냐는 듯 물거품처럼 사라졌다. 그런데 이상하게 연애의 끝자락에서 난 내 자아를 상실할 지경에 이르렀다. 그렇게 정신을 못 차리고 주변 친구들을 괴롭히기 시작했다. 그렇게 하면 나의 괴로움이 조금은 없어질까 해서…. 그렇게 부질없는 사랑에 목숨을 걸기도 했다.

모든 이별은 다 아프다. 하지만 굳이 이별의 크기를 재 본다면 오랜 만남 뒤의 이별보다는 짧은 만남 뒤의 이별이 더 아프다고 말하고 싶다. 한 사람을 오래 만나다 보면 어느 정도 익숙해지고 서로의 장점과 단점을 알면서 객관성을 가지고 바라볼 수 있다. 그리고 어느 정도 대비를 할 수 있는 상태가 된다.

하지만 짧은 만남 뒤의 이별은 그 사람에 대해 좋은 점만 보다가 끝이 나는 격이다. 그러면 더 미련을 가질 수밖에 없다. 붕 떠 있는 기분 좋은 상태에서 갑자기 캄캄한 심연 속으로 떨어지는 느낌이랄까.

갑작스런 단절은 사람을 정신 못 차리게 만든다.

격렬한 사랑을 하다가 갑작스럽게 이별을 할 수밖에 없는 상황이었다. 그 당시 세상이 끝날 것처럼 힘들었다. 하지만 거기서 하나 배운 것이 있다면, 그것 또한 지나간다는 것이다. 조금 시간은 걸릴 수 있지만… 조금은 더 고통스러울 수 있지만….

그때는 그렇게 달콤했던, 사랑했던 사람을 몇 년 후 아주 우연히 만났다. 나를 그렇게 아프게 했던 그 사람을 '누구세요?' 하는 심정으로 쳐다봤다. 통쾌했다.

그리고 항상 사랑의 끝에서 다짐한다. 이렇게 아픈 사랑은 다음에는 안 할 거라고. 날 편하게 해주는 사람만 만날 거라고. 그런데 나도 모르게 나의 패턴대로 또 그런 사랑을 반복하고 있다. 이것도 하나의 고질적인 병이다. 그래도 이별 앞에서는 전보다 항상 더 단단해지는 것을 느낀다. 그때만큼의 감정의 소용돌이를 이제는 겪지 않는다. 그 또한 지나갈 것이라는 것을 알기에. 그리고 별거 아닌 것을 알기에.

그럼에도 불구하고 일에서나 사랑에서나 사람들의 관계 속에서 누가 승자인지를 묻는다면, 후회하지 않을 때까지 최선을 다해서 사랑한 사람이라고 감히 말하고 싶다. 언제나 최선을 다해 상대방에게 준 사람은 후회가 없다. 그리고 난 아마 나에게 올 다음 사랑에서도 '나 자신을 지키며 조금만 줄 거야' 하며 다짐을 하겠지만 그 다음 사랑에도 아마 깊이 사랑하며 빠질 것이다. 그리고 후회하지 않을 것이다. 결국 그렇게 될 일은 그렇게 됨을 알기에….

여행의 끝

여행지에선 무수한 만남과 이별이 반복된다.

만남과 이별이 익숙해질 때

그리고 그 경계가 허물어질 때

여행은 끝나버리고 만다.

34 또 다른 길의 시작

Arca do Pino – Santiago de Compostela : 20.1km
(아르카 도 피노 – 산티아고 데 콤포스텔라 : 20.1km)

이 날이 빨리 왔으면 하는 마음 반, 오지 않았으면 하는 마음 반이었다. 끝이라는 게 싫었다. 계속 ing(하는 중)이고 싶었다. '산티아고 데 콤포스텔라'라는 목적지가 있고 그 목적지를 향해 가는 과정이 즐거웠던 것 같다. 그렇다고 꼭 즐거운 일만 있는 것은 아니다. 기쁜 일도, 슬픈 일도, 좋은 일도, 나쁜 일도 일어난다. 하지만 목적지에 다다를 땐 그런 일들이 모두 '좋았던' 일로 기억된다.

삶에서 목표가 있을 때 사람들은 생기가 넘치고 행복해 보인다. 그 목표를 이루었을 때는 세상을 다 가진 것처럼 기쁘다. 그런데 그 이후가 문제다. 더 이상 나아갈 곳이 없을 때 오히려 더 방황하게 된다. 그래서 나의 처방은 하나의 목표를 달성하기 전에 미리 다음 목표에 대한 계획을 세우는 것이다. 이름하여 '목표 중독자'가 되는 것이다. 내 마음을 지키는 하나의 방법이다.

산티아고 길에서만 봐도 어떤 사람을 만나서 걷느냐에 따라 걷는 속도와 방향이 바뀔 수 있다. 또한 먹는 음식도 바뀔 수 있다. 인생도 별반 다르지 않다고 생각한다. 어떤 사람을 만나느냐에 따라 내 인생이 바뀔 수도 있다. 나에게 긍정적인 영향을 주는 사람을 만나는 것도 축복이다.

난 혼자 이 길을 걷기로 선택했다. 그리고 길을 걸었다. 그런데 계속 혼자가 아니었다. 카미노를 시작하는 시작 전 지점부터 동갑내기 친구 정우를 만나 같이 걸었고, 그리고 알베르트와 함께 걸었다. 지금은 미영이와 함께 걷고 있다. 카미노에서의 나의 인연을 동행자에 따라 크게 나누면 이렇지만, 중간중간 나를 스쳐간 사람들 또한 결코 적지 않았다.

사람들은 현실을 살다가 한번쯤은 인생의 중대 고비를 맞이한다. 힘든 시기를 넘기는 방법은 사람마다 다르다. 중요한 사실은 인생에서 한번쯤 고비를 맞이해 본 사람들이 이 길을 걸을 생각을 한다는 것이다. 삶의 전환점을 위해서…. 그리고 눈에 보이는 드라마틱한 변화는 없을지라도 이제는 삶에서 흔들리지 않는 단단한 내면을 선물로 받게 될 것이다.

돌이켜 보면 성급한 마음에 내 타이밍을 상대방에게 강요해 일을 그르치는 경우가 있었다. 그리고 그 반대로 상대방이 밀고 들어오는데 내 타이밍은 아직 아니라며 미루다가 뒤늦게 후회하는 경우도 있었다. 인생은 타이밍이다. 하지만 자신을 탓하면서 후회할 필요는 없다는 걸 깨달았다. 나의 어떠함과 상관없이 결국 그렇게 될 일은 그렇게 된다. 그러니 어떤 상황에서도 자신을 자책하지 말자. 내가 오직

나에게 할 것은 칭찬과 격려라는 것을 명심하자.

   드디어 산티아고 데 콤포스텔라에 도착하는 날이 오늘이다. 햇살이 비치는 숲길을 걷는 것도 마지막이라 생각을 하니 가슴이 뭉클하다. 이 길을 다 걷고 나면 스페인 구석구석을 돌며 여유롭게 여행을 하려고 했다. 그런데 며칠 전에 같이 일하던 PD로부터 연락이 왔다. 런던에서 며칠 뒤에 방송 관련 일이 있는데 같이 하자는 것이었다. 흔쾌히 '예스'라고 했다. 그런데 내 노트북은 지금 마드리드의 한인 민박에 있다. 산티아고 데 콤포스텔라로 보냈어도 되었다는 것을 나중에 알았다. 전화를 받은 이후, 그 전에 가지고 있었던 마음의 평화는 조금 깨질 수밖에 없었다. 일을 하기 위한 계획을 세워야 하니 말이다. 감사한 일이었지만, 마지막 여운을 완전히 느끼기 전이어서 조금 아쉬웠다. 이럴 때는 나의 마음을 나누어 잘 관리하는 것이 필요하다.

   미영이와 함께 마지막 스타트를 했다. 알베르트는 줄리아와 함께 길을 나섰다. 줄리아와 함께하고 나서 나도 모르게 그 두 사람에게 거리를 두게 되었다. 하지만 오늘만큼은 산티아고 대성당 앞에서 이 친구들과 함께 그 감격을 나누고 싶다.

   끝이 있다는 건 사람을 경건하게 만든다. 그러지 않아도 되는데 뭔가 마음의 정비를 하게 된다. 걸으면서 보이는 모든 것들이 새롭게 다가온다. 목적지에 가까워질수록 사람들이 급속도로 많아졌다. 드디어 도시 초입에서 산티아고 데 콤포스텔라를 알리는 표지판을 보게 되었다. 800km 거리의 길을 온전히 걸어서 왔다는 사실이 신기하기만 하다. 도시 입구에서 산티아고 대성당까지의 길은 거리가 있었지만 가는 내내 가슴이 두근거렸다.

깊은 역사의 흔적을 고스란히 가지고 있는 도시, 산티아고 데 콤포스텔라였다. 시의회 청사와 오브라도이로 광장을 지나 웅장하게 서 있는 산티아고 대성당에 마침내 도착했다. 대성당을 바라보는 광장에서 순례자들이 서로 포옹을 하며 그 감격을 함께 나누고 있었다. 나와 미영이도 한동안 그 앞에 서서 대성당을 바라보았다. 성당 문 바로 앞에서 누워 대성당을 올려다보는 사람들도 있었다. 사람들의 표정을 하나, 둘 살펴본다. 여러 감정이 교차하는 것만 같다. 나와 미영이도 앉아서 대성당을 바라보며 여운을 느끼고 있었다. 눈앞에 익숙한 남자가 보인다. 바로 알베르트였다. 이렇게 마지막까지 함께할 수 있어 기쁘다.

순례자 사무소를 찾아가면 이 길을 다 걸었다는 '순례증서'를 준다. 그 자리에서 내 이름을 써서…. 순례증서를 받고나서 대성당 안에서 열리는 미사에 참석했다. 미사 중에는 순례를 마친 사람들의 이름을 모두 불러 준다. 우리 이름이 미사 중에 나오니 더 신기하기만 하다. 대성당 미사에서 특별한 것은 향로 미사이다. 천정에 길게 매달린 향로는 그네처럼 커다랗게 반원을 그리며 왔다 갔다 한다. 옛날에는 먼 길을 떠난 순례자들이 제대로 씻지 못해 순례의 마지막 순간에 성당에서 향을 피우며 냄새를 없앴다고 하는데, 그 의식이 아직도 이어지고 있는 것이다. 엄숙해진다. 이제껏 걸어왔던 길들이 하나하나 주마등처럼 스친다.

미사가 끝나고 숙소를 찾기 시작한다. 이제 또 현실이다. 그동안 고생했던 것에 대한 보상으로 호텔에서 묵기로 한다. 오늘 하루만큼은 그런 호사를 누려도 된다고 생각했다. 우리 모두들 오랜 길을 걸어서 겉은 누추해 보이지만 두 눈에서는 모두 반짝반짝 빛이 난다. 그리고 다들 누구보다 아름답고 잘생겼다. 이 날 저녁 산티아고 데 콤포스텔라 도시는 축제 분위기였다. 그리고 우리도 밤을 새며 그 영광된 밤을 누리겠노라 했다. 하지만 금방 피곤해서 전과 같이 일찍 잠들었다. 내일 새벽같이 일어나서 길을 나서야 할 것만 같다.

  그래, 이 길은 비록 끝났지만 내 인생의 길은 다시 시작이다. 이 길에 이어서….

관계 정리

문장이 끝났다는 것은 마침표가 말해 준다.

사람과의 관계가 끝날 때는 그 어떤 표시도 없다.

시간이 흐르다 보면
자연스럽게 정리되어 있는 것이
바로 사람과의 관계….

35 그리고, 바르셀로나

대부분이 산티아고 데 콤포스텔라에서 며칠 간 머문다. 그리고 각자의 갈 길을 간다. 한 방향을 향해서 걸을 때 우리는 목표 지점이 같은 사람들이었다. 하지만 이제는 다르다. 각자의 삶의 터전으로 돌아가야 한다. 함께 했던 알베르트는 바르셀로나로, 줄리아는 이탈리아로 갔다. 그리고 미영이는 아일랜드로 돌아갔다.

나는 중세시대 세상의 끝으로 여겨졌던 피니스테레 Finistere 에 가기로 결정했다. 대신 이제부터는 걷는 여행이 아니라 차를 타고 다닐 거다. 피니스테레는 많은 순례자들이 지구의 끝이라고 여겼던 곳이다. 여러 사람들이 함께 지내는 알베르게에만 묵다가 혼자 머물 수 있는 숙소를 찾았다. 호텔 방에 혼자 있는 것이 어색하고 허전했다.

피니스테레에서 망망대해를 바라보며 쓸쓸함을 견디다가 다시 산티아고 데 콤포스텔라로 돌아왔다. 그리고 포르투를 거쳐, 마드리드, 그리고 알베르트가 있는 바르셀로나로 향했다. 알베르트를 다시 만나게 될 줄이야. 친절한 알베르트는 나를 자신의 집으로 기꺼이 초대하였다.

바르셀로나는 10년 전에 배낭여행으로 왔던 곳이다. 그때는 극기훈련처럼 점 찍듯 다니는 여행을 해서 정작 바르셀로나에는 반나절밖에 머물지 못했다. 그런데 도착하자마자 느껴졌던 공기는 잊을 수가 없다. 뭔가 나와 맞는 자유스러운 공기. 하지만 안타깝게도 우리에게 주어진 시간은 12시간도 아닌 6시간 정도였다. 꼭 다시 오리라 생각했다. 그런데 이렇게 10년 만에 오게 된 것이다. 20대 초반에 왔던 바르셀로나의 공기와 10년 후에 맡았던 공기는 사뭇 달랐다.

알베르트는 바르셀로나에서 기차를 타고 들어가는 곳에 살았다. 작은 마을이었다. 오히려 대도시보다 작은 마을이 더 좋았다. 알베르트의 어머니를 뵐 수 있었다. 그리고 그곳에서 밴드를 하는 알베르트의 친구들도 만났다. 마성의 매력을 가진 친구들. 그가 다녔던 대학교에 가서 교정의 분위기를 느껴 보기도 했다. 그리고 바르셀로나 근교에 있는 지로나 Girona 를 다녀왔다. 이곳은 중세 분위기가 물씬 풍기는 곳으로 드라마 〈푸른 바다의 전설〉과 〈왕좌의 게임〉의 촬영 배경이었던 곳이다. 가장 기억에 남는 순간은 깜깜한 숲에 가서 앉아서 밤하늘에 총총 떠 있는 별을 바라봤을 때이다.

대부분 이쯤 되면 둘 사이에 로맨스가 있을 법도 한데… 그저 가벼운 로맨스를 즐겨도 됐을 분위기였을 텐데…. 정말 알베르트와 나는 그저 오래된 편한 친구이거나, 가족 같은 느낌이었다. 난 좀 모든 남자들을 친구로 만들어 버리는 것에 탁월한 재주가 있는 것 같다. 날 여자로 볼라 하면 그저 친구로만 봐 줘, 라고 하는 식으로 말이다. 나의 이런 우려와는 상관없이 그들이 날 여자로 보지 않을 수도 있겠지만…. 그렇게 난 한국 사람들이 오해를 했던 로맨스는 단 한 번도 없었다는 것, 그렇게 남자 스페인 친구와 국제적인 우정을 쌓고 왔다. 그것도 아주 끈끈하게…. 예상치 못한 만남들로 이렇게 여행은 풍성하게 채워졌다.

마음속에 간직하고 있었던 바람들! 어느 순간 간절하게 꿈꿔 왔던 바람들은 잊고 있을 때조차도 신기한 방법으로 이루어지는 것을 몸소 느꼈다. 과정 중일 때는 몰랐다. 꿈을 꿨고 상상을 했고 내려놓았다. 그리고 내 삶을 열심히 살았다. 그런데 돌아보니 그 모든 것들이 이루어져 있었다. 더 크게 꿈 꿔야 하는 이유가 되었다. 지금 꾸고 있는 꿈들이 또 10년 후에 이루어져 있겠지. 10년 후를 바라보며 누가 뭐래도 가장 나답고 뜨겁게 살아갈 것이다. 잠시 눈을 감고, 뜨거웠던 산티아고 순례길의 태양을 다시 느껴 본다.

부록

산티아고 순례길 탐방 정보

준비물

순례길의 짐은 무조건 가벼워야 한다. 일반적으로 배낭 무게는 본인 몸무게의 1/10이 이상적이다. 부득이한 경우, 산티아고 순례길에서 짐을 다음 도착지로 보내는 택배 서비스를 이용하도록 한다. 택배 요금은 대략 7~8유로 수준이다.

- **배낭** 보통 많이 사용하는 배낭은 35~45리터이다. 허리를 받쳐주는 배낭이면 좋다. 비 올 경우를 대비해 레인커버는 필수이다.
- **등산화** 방수가 되는 중등산화 추천. 반드시 발이 편한지 신어봐야 한다.
- **침낭** 봄, 여름엔 경량 침낭, 겨울엔 보온이 잘 되는 침낭 추천. 알베르게는 침대시트가 따로 없기 때문에 침낭은 필수이다.
- **우비** 배낭을 메고 위에 입을 수 있는 튼튼한 판초 우비 추천.
- **의류** 계절에 따라 다르지만 일반적으로 속옷, 양말, 상의와 하의 2벌, 바람막이(방한복), 숙소에서 입는 편한 옷(면 재질보다는 빨리 마르는 재질이 좋다) 등을 기본적으로 준비한다.
- **실내화** 시내 산책용 가벼운 운동화나 편한 슬리퍼.
- **상비약** 바세린(물집방지용), 파우더, 항생제, 감기약, 두통약, 일회용 밴드, 파스 등.
- **ID 카드 외** 여권 및 여권 사본, 여권사진 2장, 메모용 노트, 필기도구 등.
- **개인 선택 물품** 등산스틱, 선글라스, 선크림, 세면도구. 스포츠타월, 손톱깎이, 실과 바늘, 세탁용 가루세제와 빨래집게, 충전기, 지퍼백, 카메라(DSLR은 무거울 수 있으니 가벼운 소형 카메라나 화질 좋은 스마트폰

추천), 한국음식 재료(라면스프, 고추장 등은 정말 유용), 와인 오프너 (와인을 마실 기회가 많음), 헤드랜턴, 귀마개 등.

Ω **유용한 애플리케이션** 프랑스길 지명과 지도, 알베르게 등 편의시설이 소개되어 있는 산티아고 순례자를 위한 전용 앱이 많이 나와 있다. 플레이스토어 검색창에 'Santiago pilgrim'을 넣으면 다양한 앱을 확인하거나 설치할 수 있다.

비용 관련 참고사항

Ω **항공료** 스카이스캐너, 카약 사이트를 이용하여 예산과 상황에 맞게 구입.

Ω **경비** 하루에 30유로 정도(숙박비, 식사비, 세탁기 사용료, 성당 입장료 등). 1km 걸을 때 평균 1~1.5유로로 경비를 계산하면 간편하다. 예를 들어 800km 걸을 경우, 경비를 800~1,200유로로 예상하면 된다.

Ω **환전** 대부분의 알베르게에서는 현금만 사용가능하기에 10유로나 20유로짜리 지폐를 가지고 있는 것이 좋다. 큰 도시에서는 ATM기로 현금 인출이 가능하다. 인출을 한꺼번에 많이 하기보다는 조금씩 자주하는 것을 권한다. 현금은 항상 몸에 지니고 다닌다.

프랑스길 시작점인 생장(Saint-Jean-Pied-de-Port) 찾아가기

한국에서 출발할 때, 프랑스 파리, 스페인 바르셀로나 또는 마드리드로 항공을 이용해 갈 수 있다.

Ω **프랑스 파리에서 출발**

프랑스 고속철도인 TGV(Train à Grande Vitesse)로 바욘(Bayonne) 역 도착 ⇒ 버스나 기차로 생장 도착

Ω 스페인 바르셀로나에서 출발

① 렌페(Renfe; 스페인 국영 철도회사)로 팜플로나(Pamplona) 역 도착 ⇒ 알사(ALSA) 버스로 생장 도착

② 북터미널에서 ALSA 버스 또는 몬부스(Monbus)로 팜플로나 터미널 도착 ⇒ 생장 가는 ALSA 버스로 환승

Ω 스페인 마드리드에서 출발

① 아토차(Atocha) 역에서 렌페로 팜플로나 도착 ⇒ ALSA 버스로 생장 도착

② 마드리드 터미널에서 팜플로나 터미널 도착 ⇒ 생장 가는 ALSA 버스로 환승

식사 및 비상식량

Ω 아침은 묵었던 알베르게에서 해결한다. 빵과 커피 등의 간단한 식사를 이용할 수 있다.

Ω 점심은 트레킹 도중에 있는 카페나 바에서 먹게 된다. 중간에 마을이 없는 경우에는 전날 묵었던 알베르게 마을에서 바게트나 계란 등을 사서 미리 샌드위치를 만들어 가도록 한다.

Ω 저녁은 알베르게에서 직접 요리해 먹을 수 있다. 마트에서 간단한 재료를 사서 파스타 등을 요리해 먹는다. (라면 스프와 고추장을 가져가면 유용하다.)

Ω **Menu del dia(오늘의 메뉴)** 식당에서 이용할 수 있다. 가격은 10유로 안팎이다.

Ω **비상식량** 열량 높은 초콜릿과 사탕 등을 비상식량으로 챙기면 좋다. 특히 생장에서 론세스바예스까지 먹을 것을 살 데가 없으니 한국에서 준비해 가도 좋다. 물은 15㎞(평길 4시간 거리) 기준으로 1리터가 필요하다.

길을 걸을 때 유의 사항

Ω 아침 일찍 출발해서 오후 1~2시에 알베르게에 도착하는 것을 추천한다.
  ※ 햇빛이 강한 2~3시에는 걷기 힘들다. 저녁 늦게 도착하는 것은 추천하지 않는다. 도착한 알베르게에 빈 방이나 빈 침대가 없을 수도 있다.

Ω 반드시 이정표를 확인하고 다니며, 이정표가 없을 땐 돌아가서라도 확인하는 것이 안전하다.

Ω 개인마다 걷는 속도와 목표는 다르겠지만 하루 20~30km 추천한다.

Ω 카미노는 안전한 편이긴 하나, 그래도 앞·뒤로 함께 걷는 순례자들을 확인하며 다닌다.

Ω 매일 걷기 시작 전에 발에 바세린을 바르면 물집 예방 효과가 있다. (베이비 파우더도 유용하다.)

Ω 걷기 전과 후에 반드시 스트레칭을 해준다.

Ω 항상 자신의 컨디션을 체크하며 다닌다. 컨디션이 좋지 않을 때는 무리하지 않는다.

Ω 알베르게는 보통 하루만 이용하는 것을 원칙으로 한다. 오전 8시에 문을 닫기 때문에 하루 더 연장할 시에는 협의가 필요하다.

Ω 선크림을 항상 발라주고, 여름이라도 가능한 긴 소매의 셔츠를 입는 것이 좋다.

Ω 창이 넓은 모자를 쓰는 것이 좋다.

Ω 겨울철에 순례길을 갈 경우에는 사람보다 개를 더 많이 볼 수도 있다.

Ω 겨울에는 문을 연 알베르게와 식당이 많지 않으니 꼭 확인하는 것이 필요하다.

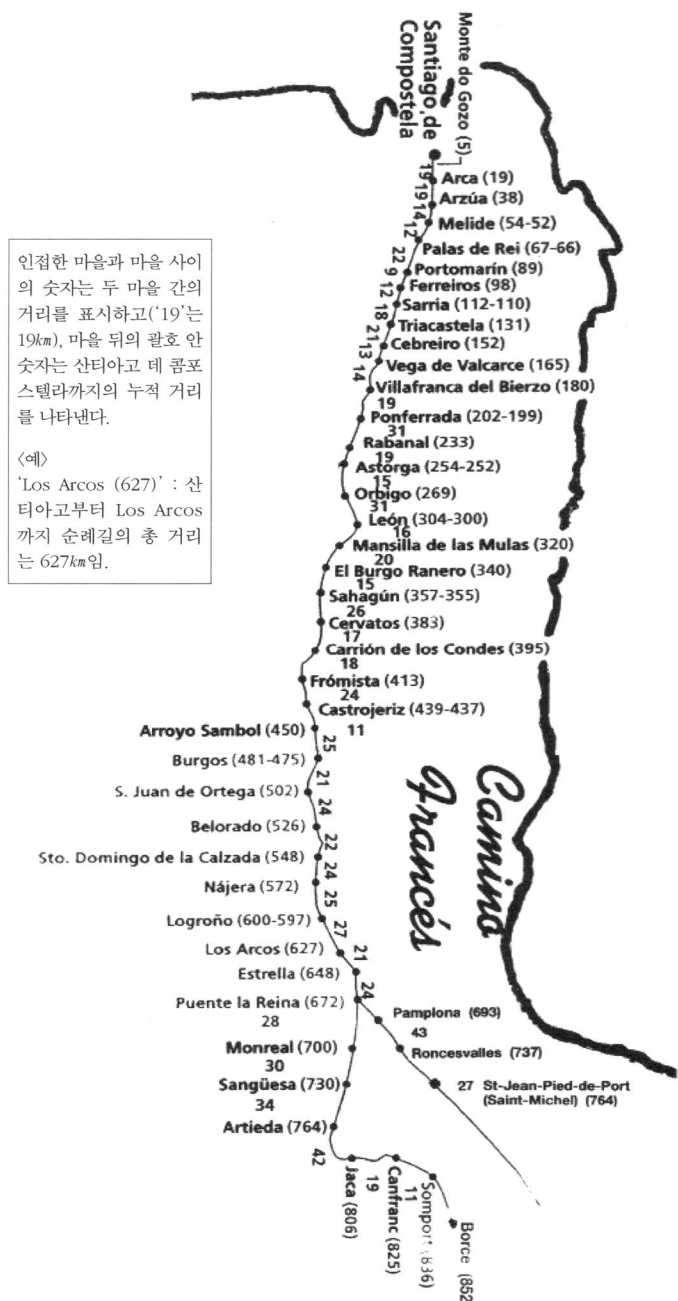

● 조헌주

방송작가로 SBS 〈좋은 아침〉,〈손숙·배기완의 아름다운 세상〉, KBS 〈장밋빛 인생〉,〈더 뮤지션〉, 〈스타 오락관〉 등의 프로그램 제작에 참여했다. 현재는 뮤지컬과 글쓰기 강사로 활동 중이다. 글쓰기와 여행을 통해 '나답게' 사는 방법을 터득하게 되었으며, 스페인 산티아고로 향하는 순례길의 걷기 여행을 인생 최고의 여행으로 손꼽는다. 깨달음을 사람들과 함께 나누며 소통하기 위해, 그리고 행복하고 아름다운 삶을 위한 글쓰기를 위해 그녀의 여행은 계속될 것이다.

저서 : 《자존감 있는 글쓰기》,《꼭 이루고 싶은 나의 꿈 나의 인생》 (공저)
《여행, 가장 나답게》 (근간 예정)

이메일 : aahddll@naver.com
블로그 : http://blog.naver.com/aahddll
인스타그램 : hunjucho

비바 수 비다(Viva su Vida) :
무작정 떠나는 산티아고, 나답게 뜨겁게

초판 인쇄 : 2018년 4월 12일
초판 발행 : 2018년 4월 19일

글·사진 : 조 헌 주
펴낸이 : 유 병 국
펴낸곳 : 동 안

출판등록 : 2011년 7월 13일
주소 : 서울시 강남구 개포로 15길 27
전화 : 02.572.7162
팩스 : 0303.0232.5006
이메일 : duringpublish@gmail.com

편집 : 김 준 섭
본문 레이아웃 : 이 종 수
표지 : 이 진 아

ISBN : 979-11-89144-00-5 (03920)

정가 14,900원

국립중앙도서관 출판예정도서목록(CIP)

비바 수 비다 = Viva su vida : 무작정 떠나는 산티아고, 나답게 뜨겁게 / 글
·사진: 조헌주. -- 서울 : 동안, 2018
  p. ;   cm

권말부록: 산티아고 순례길 탐방 정보
ISBN 979-11-89144-00-5 03920 : ₩14900

순례 여행[巡禮旅行]
산티아고 데 콤포스텔라[Santiago de Compostela]

982.702-KDC6
914.61104-DDC23   CIP2018011819